작곡부터 홍보까지 새내기 뮤지션이 알아야 할 모든 것

어떻게 하면 될까?

뮤지션이 되고 싶은 나,

?

글 존 크로싱햄
그림 제프 쿨락 | 옮김 송연승
감수 이승환(한양대학교 실용음악과 교수)

MUSIC

오유아이 Oui

나의 딸에게 – J.C.

나의 할아버지와 할머니에게 – J.K.

Originally published as
Learn to Speak Music: A Guide to Creating, Performing, and Promoting Your Songs

Text © John Crossingham, 2009
Illustrations © Jeff Kulak, 2009
Korean translation copyright © 2016 Green Frog Publishing Co.
Korean edition published with permission from Owlkids Books Inc., Toronto Ontario CANADA, through Orange Agency, Seoul KOREA.

지식은 모험이다 08
10대에 뮤지션이 되고 싶은 나, 어떻게 할까?

처음 인쇄한 날 **2016년 4월 10일** | 네번째 펴낸 날 **2023년 1월 5일**

글 **존 크로싱햄** | 그림 **제프 쿨락** | 옮김 **송연승** | 감수 **이승환** | 펴낸이 **이은수** | 편집 **정헌경** | 북디자인 **투피피**
펴낸곳 **오유아이(초록개구리)** | 출판등록 2004년 11월 22일(제300-2004-217호)
주소 **서울시 종로구 비봉2길 32, 3동 101호** | 전화 **02-6385-9930** | 팩스 **0303-3443-9930**
인스타그램 **www.instagram.com/greenfrog_pub**

ISBN 979-11-5782-018-4 44680
ISBN 978-89-92161-61-9 (세트)

＊이 도서의 국립중앙도서관 출판시도서목록(CIP)은 서지정보유통지원시스템 홈페이지(http://seoji.nl.go.kr)와
　국가자료공동목록시스템(http://www.nl.go.kr/kolisnet)에서 이용하실 수 있습니다. (CIP제어번호: CIP2016003218)
＊오유아이는 초록개구리가 만든 또 하나의 출판 브랜드입니다.
　Oui는 프랑스어로 '예'라는 뜻입니다. 세상에 대한 긍정의 태도, 모험을 두려워하지 않는 도전 정신을 책에 담고자 합니다.

음악을 사랑하고
즐거움을 함께
나누고픈 이들에게

이 세상을 살아가는 누구에게나 음악은 존재합니다. 우리 생활 곳곳에 음악이 자리하고 있습니다. 내 의지와는 상관없이 거리에서 들려오는 멜로디에 고개를 끄덕이며 리듬을 맞추기도 합니다. 때로는 어디선가 들은 듯 익숙한 선율에 콧노래를 흥얼거리기도 하지요.

그런데 정작 내가 그런 음악을 만들고자 한다면 그건 다른 이야기일 것입니다. 음악을 하려면 무엇부터 시작해야 하지? 그냥 동네 음악 학원에 가면 되는 걸까? 많은 생각으로 갑자기 머리가 복잡해질 수 있습니다.

이 책을 보면서 그런 걱정을 미리 할 필요가 없겠다고 생각했습니다. 이 책은 어려운 음표나 화성부터 배우게 하는 교과서적인 접근을 하고 있지 않습니다. 우리가 언어를 배우듯 일상생활에 음악이 자

연스럽게 녹아내리게 합니다. 편안한 마음으로 조금씩 음악에 다가갈 수 있게 말이지요.

물론 음악에서 알아야 할 구체적이고 전문적인 부분도 꼼꼼히 챙겨 놓았습니다. 특히 각 페이지마다 유명한 뮤지션들의 작품과 명언이 실려 이해를 돕습니다.

이 책과 같이 실용음악 입문에 대한 쉽고도 자세한 책이 좀 더 일찍 나왔더라면 하는 마음이 듭니다. 그래서 더욱더 이 책에 고마움을 느낍니다.

음악을 사랑하고 즐거움을 함께 나누고픈 이들에게 이 책을 권합니다. 이 책과 함께 열정을 가지고 음악에 한번 빠져 보길 바랍니다.

이승환
한양대학교 실용음악과 교수

3

10대에
뮤지션이
되고 싶은 나,
어떻게 할까?

차례

음악은 '세계 공통어'다.
이 말은 무슨 뜻일까? 여러분은 아마 음악을
'말한다'는 표현을 못 들어 봤을 것이다.
음악을 말한다니, 우습게 들릴 수도 있겠다.

사실 음악을 '말한다'는 사람은 없다. 우리가 영어나 프랑스어, 독일어, 에
스파냐어를 말하는 방식과는 다르다. 그러나 음악은 서로 말이 통하지 않
더라도 전 세계 모든 사람이 이해할 수 있다.

차이콥스키의 〈호두까기 인형〉 같은 러시아 음악이 매년 크리스마스 때
마다 미국과 캐나다에서 연주되는 것은 이 때문이다. 또한 노랫말이 모두
영어인데도 킬러스나 비욘세 같은 미국 팝스타의 대형 콘서트 티켓이 일
본에서 매진되는 이유이기도 하다.

우리는 언어를 사용해서 "배고파." 또는 "같이 나가 놀자." 같은 대화를 한
다. 음악도 똑같은 역할을 한다. 다만 전달하는 메시지가 조금 다를 뿐이
다. 어떤 음악은 "정말 슬퍼."라거나 "네가 그리워."라고 말한다. 또 다른

음악은 "아, 행복해."라거나 "춤추자!"라고 이야기한다. 사실 세상의 음악은 모두 무엇인가를 이야기한다.

물론 대부분의 사람들은 음악을 그렇게 바라보지 않는다. 그저 음악을 듣고 연주하는 게 정말 재미있을 따름이다. 우리는 학교나 쇼핑몰에서, 또는 친구들과 함께 있을 때나 TV에서도 너무나 많은 음악에 둘러싸여 있다. 그래서 여러분은 세상에 노래가 이미 차고 넘친다고 느낄 수도 있다. 그러나 또 하나의 노래, 또 하나의 목소리를 위한 자리는 항상 남아 있다.

음악을 말할 줄 안다는 건 이런 것이다. 바로 음악을 통해, 재미있고 특별하고 슬프고 황당하고 우스운 이야기를 다른 사람들에게 들려줄 방법을 찾는 것!

이런 이야기를 하는 내가 누구냐고요? 좋은 질문입니다!

반가워요, 여러분. 나는 존 크로싱햄입니다. 캐나다의 뮤지션이고 이 책을 쓴 저자입니다. 앨범을 일곱 장 발표했고, 여러 밴드와 함께 세계 곳곳으로 연주 여행도 수없이 다녔습니다. 그중에 가장 큰 밴드는 브로큰 소셜 신Broken Social Scene이라는 인디 밴드였죠.

나란 사람을 소개할 때 가장 중요한 건 내가 세상에서 가장 훌륭한 가수도 기타리스트도 드러머도 아니라는 사실입니다. 이런! 고작 열두세 살에 음악을 시작했는데도 말이죠.

난 항상 꿈꾸던 많은 걸 할 수 있게 되었어요. 나를 이때껏 견디게 해 준 힘이 뭐였는지 알려 줄까요? 재능이 아니에요. 그저 음악을 향한 사랑이었죠.

내 말이 이해되나요? 내가 할 수 있다면, 당연히 여러분도 할 수 있습니다.

CHAPTER 1

음악을 만들어 보자

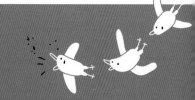

여러분은 요즘 푹 빠져 있는 밴드의 노래를 들으며 방에서 신나게 춤을 춘다.
벌써 네 번째 같은 곡을 반복해서 듣는 중이다.
"이 노래 정말 대박이야! 어떻게 이런 걸 만들지?"

글쎄, 어떻게 그런 걸 만들었을까? 대체 무슨 수로 콩나물 같은 음표를 잔뜩 모아다가 대박 곡을 만들었을까? 이 사람 천재인가……? 맞아, 틀림없이 천재야!

물론 그 곡을 만든 사람이 천재일 수도 있다. 하지만 여러분도 마찬가지다. 그리고 음악을 만드는 일은 음악이 들리는 것만큼 어렵지는 않다. 다음 세 가지는 진실이다.

· 음악은 복잡하지 않다.
· 음악에 대해 여러분이 뭘 원하든, 그게 음악이다.
· 여러분은 이미 음악을 만들 줄 안다.

변변찮은 근거로, 듣기 좋으라고 하는 말이 아니다. 또한 음악 연주에 노력과 연구, 연습이 필요 없다고 말하려는 것도 절대 아니다.

그러나 어떻게 음악을 즐기는지, 또는 자신이 좋아하는 음악이 무엇인지를 수업을 통해 배우는 사람은 아무도 없다. 기타 치는 흉내를 내려고 또는 샤워하며 흥얼거리는 법을 배우려고 학교에 가지는 않는다.

왜냐하면 음악은 본능이기 때문이다. 음악을 듣고 싶고 연주하고 싶은 마음은 애초에 우리 안에 있다. 우리들 한 사람, 한 사람 안에는 자그맣고 희한한 음악 동물이 들어앉아서 자기를 발견해 주기만 기다리고 있다.

동물 이야기가 나와서 말인데, 사람만 음악을 즐기는 것은 아니다. 새, 고래, 돌고래, 원숭이, 귀뚜라미 등 많은 동물이 자기만의 노래를 사용해 메시지를 주고받는다.

그러니까 여러분이 음반을 모으든, 음악에 귀를 기울이든, 음악을 만들든, 음악은 단지 우리 인간을 포함한 동물들이 하는 일일 뿐이다. 음악은 우리 핏속에 흐르고 있다.

왜 음악이 중요할까?

음악으로 인생이 바뀐 사람들이 있다.
혹시 여러분도 똑같이 느껴 본 적이 있는가?
사람들이 음악 덕분에 자기가 변했다고 말할 때는 실제로
그랬다는 뜻이다. 음악이 우리 마음과 신체에 실질적인 영향을
미치기 때문이다. 그 이유는 다양하지만 두 가지로 요약된다.
음정과 리듬이다. 우리 인간은 음악을 미치도록 사랑한다.
아무리 많아도 부족하다!

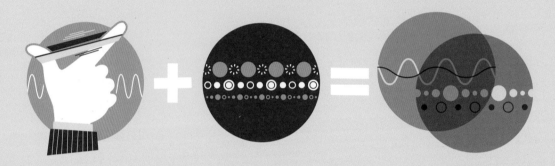

음정

음정은 소리가 올라가고 내려가는 방식이다. 구체적인 예를 들어 볼까? 고무줄을 엄지와 검지에 건다. 손가락을 최대한 벌려 줄을 팽팽하게 늘이고 다른 손가락으로 그걸 퉁겨 본다. 탱! 이제 줄을 조금 느슨하게 하고 다시 퉁겨 본다. 틱! 소리가 낮아졌을 것이다. 그게 음정이다. 팽팽하게 당기면 높아지고 느슨하게 풀면 낮아진다.

리듬(박자)

어쩌면 리듬보다 박자라는 말이 더 익숙할지도 모르겠다. 박자는 발끝을 톡톡 두드리게 하고 몸을 흔들게 만든다. 빠른 박자는 우리를 흥분시키고 느린 박자는 차분하게 한다.

음정+리듬

음악은 음정과 리듬을 결합한 소리의 연속이다. 이 두 가지를 결합할 수 있다면, 여러분은 음악 만드는 데 필요한 것을 거의 사용할 줄 아는 셈이다. (여러분의 가족이 "이게 무슨 음악이야. 소음 덩어리밖에 더 돼?" 하고 말하면, 이렇게 말해 보자. "아빠, 음정과 리듬이 예술적으로 어우러진 거예요. 이건 기술적으로 음악이랍니다.")

볼륨

이 시점에서 볼륨을 짚고 넘어가야겠다. 부드럽고 감미로운 음악은 편안하고 로맨틱하다. 그러나 큰 소리로 울리는 음악은 정말 짜릿하다. 심장을 두드리는 메탈, 쿵쿵거리는 댄스 음악, 거대한 교향곡의 클라이맥스 할 것 없이 말이다.

멜로디를 만드는 것은 뭘까?

멜로디란 함께 연주되는 일련의 음표다. 음정과 리듬이 함께 작용해서 멜로디를 만든다.
지금, 여러분이 아는 노래 중에서 마음에 드는 멜로디를 골라 불러 보라. 소리가 올라가고
내려가는 방식(음정)뿐 아니라 각각의 소리가 나는 타이밍(리듬)이 어떻게 멜로디를 만들어
가는지 살펴보라. 아무 음이든 음정이나 리듬 중 하나만 바뀌어도 멜로디가 바뀐다!

점점 크게 점점 작게

볼륨이 실제로 어떻게 달라지는지 알고 싶은가?
펑크 밴드든 오케스트라든 재즈 팀이든 자기 음악
을 역동적으로 만드는 다이내믹스, 즉 강약법을 사
용한다. 강약법은 음악이 큰 소리에서 작은 소리
로, 반대로 작은 소리에서 큰 소리로 어떻게 움직
이느냐의 문제다.

이 곡을 들어 보자
강약 사용법

1980년대 후반에 픽시스Pixies라는 미국의
언더그라운드 대학 밴드가 음악의 강약을 매우 능숙하게
활용하여 다른 밴드들에게 엄청난 영향을 끼쳤다. 1990
년대에 인기를 끈 미국 밴드 너바나Nirvana도 픽시스의
영향을 크게 받아서 음악에 강약을 멋지게 사용했다.
이 선율이 얼마나 강력하게 와 닿는지 한번 들어 보라.

픽시스The Pixies ≫ **'자이겐틱**Gigantic'

단순한 베이스라인과 보컬로 작게 시작하다가 점점
거대하고 웅장해진다.

베토벤Beethoven ≫ **'5번 교향곡 1악장'**

빠바바밤- 빠바바밤-! 이 곡의 시작을 모르는 사람은
없을 것이다. 하지만 그 너머로 이어지는 음악이 얼마나
부드럽게 올라가고 내려가는지 귀 기울여 보길 바란다.
클래식 음악은 가장 역동적인 음악이다.

켈리 클라크슨 Kelly Clarkson
≫ **'신스 유 빈 곤**Since U Been Gone'

앞 절은 의도적으로 고요하게 흐른다. 환상적인 후렴
부분을 최대로 폭발시키기 위해서다. 콰쾅!

내 악기, 어떻게 고를까?

자기 자신을 표현하기 위해 사용할 수 있는 악기는 많고도 다양하다.

어린 뮤지션이 밟아야 할 첫 단계는 자기에게 가장 잘 맞는 악기나 스타일을 찾는 것이다. 평생 가는 선택은 아니니까 앞으로 다른 악기도 배울 수 있다. 그렇지만 처음 시작할 때는 여러분에게 말을 거는 악기를 찾기 위해 노력해야 한다. 말을 건다는 표현은 적절하다. 모든 악기는 자기만의 독특한 목소리를 지니고 있기 때문이다.

음색

악기의 목소리를 음색이라고 한다. 음색이 다르다는 건 내 목소리와 다른 사람의 목소리 간의 차이로 생각하면 되겠다. 트럼펫, 바이올린, 기타, 색소폰이 모두 동일한 음을 연주할 수 있지만 악기의 특별한 소리로 인해 독특해지는 것이다. 여러분을 감동시키는 음색을 띤 악기가 있는가?

가격

물론 악기를 집으로 가져올 수 있어야 악기 소리에 감동도 받는 것이다. 가격은 중요한 문제다. 초보자용 기타는 저렴한 편이다. 그러나 드럼과 키보드는 훨씬 비쌀 수 있다. 악기 살 돈을 모으는 동안에는 학교와 음악 학원에 구비해 둔 악기를 사용할 수 있다.

대중성 vs. 독특함

기타는 분명 멋있어 보이지만, 이 사람 저 사람 전부 기타만 치면 눈에 띄기 어렵다. 대신에 드럼이나 트럼펫 같은 악기를 고려해 보면 어떨까? 이 악기들은 그 자체로도 쌈박하지만, 장래에 여러분이 밴드 구성원이 될 때 훨씬 더 매력적인 존재로 만들어 줄 것이다.

중고 악기를 고르려면

중고 악기는 초보자에게 잘 맞는 친구다. 악기점을 여러 곳 다니면서 물건을 꼼꼼히 살펴보자. 구입하기 전에 다음 내용을 잘 알아 두기 바란다.

· 악기점과 악기들이 깨끗하고 관리가 잘되었는가?
· 수리를 받았던 악기인가? 고쳐야 할 곳이 있는가?
· 보증서가 있는가? 있다면 보증 기간은 언제까지인가?
· 믿을 만한 회사 제품인가?

악기점에 가기 전에 가격이나 성능, 장단점과 특징 등을 알아보고, 다른 회사 제품에 관한 평가도 찾아서 읽어 본다. 악기 선택을 도와줄 뮤지션 친구나 어른과 함께 가도록 한다. 현명함을 발휘한다면 (또 운도 조금 따른다면) 저렴하게 장만한 악기 하나가 여러분과 일생을 함께할 수 있을 것이다.

기타를 사려면

음악을 처음 시작하는 뮤지션들은 거의 기타부터 배운다. 휴대하기도 간편하고 꽤 저렴하며 배우기 쉽기 때문이다. 그런데 어떤 기타를 사야 할까? 가장 유명한 기타는 깁슨Gibsons과 펜더Fenders 브랜드인데, 이 제품들은 저렴하지 않다. 기타 하나에 100만 원이 넘어도 아무렇지 않게 지불할 수 있다면 모를까. 다행히 두 회사에서는 더 저렴한 하위 브랜드를 내놓았다. 깁슨의 에피폰Epiphone과 펜더의 스퀘어Squier다. 그리고 엇비슷하게 만들어 더 싸게 파는 모방품도 많다. 이런 제품은 아무래도 정교하지 못하니 속아넘어가지 않도록 정신 바짝 차려야 한다. 우선 악기를 확실히 테스트해 보자.

오, 근사한데!

겉모습만 보고 악기를 사는 건 아니지만 기타를 들고 있는 모습이 멋져 보일수록 기타와 함께하고 싶어질 것이다.

" 기타를 사려거든 기타 끈을 매고 거울에 자기 모습을 비춰 보세요. 죽여주게 멋집니까? 좋습니다. 여러분에게는 연습을 계속하게 북돋아 줄 많은 자극이 필요할 겁니다! "

—앤드루 화이트먼
'브로큰 소셜 신'의 리드 기타리스트

실력을
쌓자

악기 연주를 배우는 건 새로운 친구를
사귀는 일과 비슷하다. 처음에는 조금
어색하다. 그러나 악기와 찰떡처럼 붙어
다니다 보면 어느새 악기가 정말 좋아진다.
새로운 친구가 그렇듯이 말이다. 악기와
친해지도록 도와줄 방법이 몇 가지 있다.

선생님 말씀 잘 듣기!

악기를 생전 만져 본 적 없는 초보자뿐 아니라 정
말 잘나가는 연주자에게도 레슨은 큰 도움이 된다.
레슨은 연주의 기본을 배우는 것만이 아니다. 훌륭
한 선생님은 여러분의 실력이 향상될 때 멈추지 않
도록 도전 의식을 계속 북돋운다. 레슨은 비용이
들기 때문에 최대한 많은 것을 배워야 한다. 수업
에 등록하기 전에 선생님에게 뭘 배우고 싶은지 말
하라. 선생님과 여러분이 같은 목표를 향해 노력하
는 것이 중요하다. 일단 선생님에게 배우기로 했으
면, 레슨 시간을 엄수하고 선생님이 제시하는 연습
스케줄을 따르면서 자기 할 몫을 다 하라.

독학하는 뮤지션

레슨 받을 돈이 없다고 초조해할 것 없다. 대단한 뮤지션들 가운데 독학으로 연주를 익힌 사람들이 많다. 도전할 마음이 있는가? 여기 제시한 방법을 참고하기 바란다.

훌륭한 지침서를 찾는다 – 지침서가 시중에 많이 나와 있다. DVD와 CD가 딸린 책도 많다.

곡을 들으며 익힌다 – 좋아하는 곡 몇 개를 골라 들으면서 각 파트를 구분해 본다. 악보 없이 귀로 듣고 익혀서 연주하는 방식은 굉장한 훈련이 된다.

다른 뮤지션들에게 말을 건다 – 정말 어찌할 바를 모르겠다면 같은 악기를 연주하는 다른 뮤지션을 찾아가서 아이디어를 얻어라. 동료 뮤지션들은 자기만 아는 단서와 힌트를 제공해 주는 놀라운 원천이다.

사랑은 전염돼!

때로 선생님이 주는 최고의 선물은 어려운 레슨이나 환상적인 테크닉이 아니다. 선생님의 꾸밈없는 격려와 연주를 사랑하는 마음이야말로 오래도록 여러분에게 머문다.

❝ 음악 학교에서 난 에드워즈라는 훌륭한 선생님을 만났어요. 선생님은 노래 부르기를 정말 좋아했고, 그의 열정으로 우리 모두 노래 부르기를 좋아하게 되었죠. 나는 선생님이 '목소리가 정말 예쁘구나, 멜리사. 자신감만 조금 더 가지면 되겠어.'라고 하신 말을 앞으로도 잊지 못할 거예요. 지금까지도 나는 마음에 의심이 일 때면 지침이 되어 준 선생님의 말을 되새깁니다. ❞

—멜리사 아우프 데어 마우어
캐나다 밴드 '아우프 데어 마우어'의 베이스 기타 연주자 · 가수
(전 '스매싱 펌킨스' · '홀'의 멤버)

나에게
영감을 주는 건
뭘까?

으악,
절대
못 하겠어!

어떤 악기를 연주하든 처음에는
머릿속으로 기대하던 황홀한 소리와는
전혀 다른 소리를 듣게 될 것이다.
이제 겨우 배우기 시작했으니 조급해하지
말기 바란다. 최고의 뮤지션들도 머리를
쥐어짜는 마당이다. 그래서 영감이 중요하다.

보이는 것 모두가 영감의 원천

영감이란 여러분이 계속 연주할 수 있게 만드는 원동력 같은 것이다. 설사 기분이 축 처져 있을 때라도 말이다. 영감은 여러분이 좋아하는 곳이나 좋아하는 음악 어디서든 찾을 수 있다. 피아니스트가 드럼을 연주하는 드러머에게서, 재즈 뮤지션이 록스타에게서, 펑크 밴드의 보컬이 유명한 오페라 가수에게서 영감을 얻을 수도 있다. 능력보다 열정이 훨씬 중요하다. 펑크, 블루스, 힙합을 비롯한 많은 음악 장르의 대스타들이 반드시 능력이 가장 뛰어난 뮤지션이었던 것은 아니다. 그 사람들은 자기 자신을 믿고 자기 일을 사랑했을 뿐이다.

항상 배우려는 의지

재즈의 전설로 남은 미국의 존 콜트레인은 위대한 색소폰 연주자였다. 부드럽고 감미로운 발라드부터 한 시간을 내리 격렬하게 연주하는 라이브까지 모든 스타일에 능했다. 그러나 가장 감명 깊은 점은 그가 정말 겸손하고 헌신적인 사람이었다는 것이다. 콜트레인은 항상 배우고자 했고, 날마다 몇 시간씩 연습했다. 그는 재즈계에서 이미 최고의 색소폰 주자로 손꼽히면서도 여전히 다른 연주자들에게 어떻게 하면 연주를 잘할 수 있는지 조언을 구했다.

좋아하니까 연주한다

친구들이 굉장한 앨범을 만드는 것을 보면 여러분도 크게 고무되어 자기 앨범과 공연에 최선을 다하게 된다. 다른 뮤지션들이 헌신적으로 작업하는 모습도 무척 자극이 된다. 그러나 중요한 건, 혹시라도 내가 진정 즐겁지 않다면 음악에서 아무것도 얻을 수 없다는 사실이다. 악기를 연주하면서 좌절감이 느껴진다면 휴식이 필요하다. 악기와 여러분이 함께할 운명이라면 결국 다시 연주하게 된다.

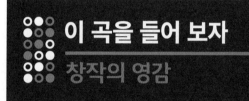

이 곡을 들어 보자
창작의 영감

예술가가 창작의 영감을 제대로 받으면 그야말로 광채를 발하는 음악이 탄생한다. 그리고 그런 음악은 다른 사람들에게도 영감을 준다.

존 콜트레인 John Coltrane
» **'어 러브 수프림** A Love Supreme'

콜트레인은 깊은 신앙심의 표현으로서 이 네 곡짜리 모음곡을 썼다.

제프 버클리 Jeff Buckley » **'할렐루야** Hallelujah'

미국의 싱어송라이터 버클리는 자신을 샹퇴즈chanteuse 라고 부르기를 좋아했다. 프랑스어로 '여성 가수'라는 말이다. 마치 여성처럼 높은 소리를 내는 그의 섬세한 팔세토 스타일은 영국 밴드 '라디오헤드'의 톰 요크부터 역시 영국 밴드인 '콜드플레이'의 크리스 마틴Chris Martin 에게까지 영향을 주었다.

미시 엘리엇 Missy Elliott
» **'겟 유어 프릭 온** Get Ur Freak On'

미국 여가수 엘리엇이 부른 이 곡은 고전적인 인도 타블라(작은 북 두 개로 이루어진 타악기) 연주에서 리듬을 빌려 왔다. 프로듀서인 팀발랜드는 세계 여러 지역의 음악에서 영감을 얻어 이 곡을 비롯한 여러 힙합 곡과 R&B 곡에 반영했다.

CHAPTER 2

밴드를 결성해 볼까?

악기 연주가 슬슬 익숙해지기 시작하면 여러분은 밴드를 결성하고 싶어질 거다.
결국에는 다들 그렇게 되는 거…… **아닌가?**

글쎄, 사람들은 왜 밴드를 결성할까? 많은 뮤지션이 혼자 연주하며 완벽한 자유를 즐긴다. 누군가에게 대답할 필요도 없고 목청 높여 언쟁할 일도 없다. 솔로로 활동하면 수입이 늘어날 수도 있다. 그렇지만 '자유가 크면 책임도 큰 법'이란 말도 있지 않은가? 다시 말해 여러분이 잘못하면 순전히 혼자 몫이라는 말이다!

우리가 밴드를 결성하는 이유는 친구를 사귀는 이유와 같을 듯하다. 어떤 경험은 다른 사람들과 함께 나눌 때 더 재미있고 쉬워진다. 밴드 동료의 역할은 모든 것이 완벽할 때 그저 같이 즐기는

것뿐만이 아니다. 사람들이 많다는 건 악기의 종류도 다양하고 음악에 대한 아이디어도 풍성하고 소리의 볼륨도 더 크다는 의미다. 한마디로 더 많다는 것!

여느 친구들 모임도 그렇지만, 동료들이 모여서 밴드를 지속하려면 마음이 통해야 한다. 서로의 말에 귀를 기울여야 하고, 다른 사람이 원하는 게 내가 원하는 것과 다르다는 걸 존중해야 한다. 그러나 그렇게 노력할 만한 가치가 있다. 밴드에서 연주하면 여러분이 조금 수줍더라도 자신감이 샘솟고 배우는 속도도 빨라진다. 게다가 여러분이 할 수 있는 어떤 일 못지않게 정말 즐겁다.

음악 동물을 만들어 보자

한마디로 밴드는 함께 음악을 연주하는 뮤지션 모임이다. 가장 전통적인 구성은 기타, 베이스, 드럼, 보컬인데, 비용도 감당할 만하고 비교적 배우기 쉬운 악기 구성이다.

이 정도 갖추면 펑크, 팝, 메탈, 컨트리 등 거의 다 연주할 수 있으며, 리듬과 화음에 멜로디까지 모두 다룰 수 있다. 밴드에 다른 악기들을 들여오는 과정을 이해하기 위해 동물을 상상해 보자. 드럼, 베이스, 기타, 보컬, 그리고 다른 악기들이 모여서 음악 동물을 한 마리 만드는 것이다.

뼈대

리듬을 담당하는 부분이다. 보통 드러머와 베이스 연주자로 이루어진다. 동물 몸의 틀을 유지하는 뼈대처럼 리듬을 담당한다. 특히 드러머는 밴드의 다른 요소들을 뒤에서 받쳐 준다.

뼈대 악기 : 드럼, 베이스, 드럼 머신, 셰이커, 탬버린 종류

근육과 조직

화음을 넣는 악기들이다. 화음은 리듬 위에 얹힌다. 고기 먹을 때 보았듯이 뼈 위에 살코기가 덮인 것처럼 말이다. 리듬과 화음만으로도 여러분이 만드는 동물이 꽤 완성된다. 다만 옷을 벗고 있을 뿐이다.

근육 악기 : 키보드, 기타, 피아노

피부, 털, 깃털

이제 멜로디 차례다. 멜로디는 보컬이나 기타리스트가 주로 맡는다. 동물의 줄무늬나 반점이 눈에 잘 띄듯이 멜로디는 밴드가 연주하는 음악에서 가장 인식하기 쉬운 요소이다.

털 악기 : 보컬, 금관악기, 현악기, 리드 기타, 키보드, 피아노

프랑켄슈타인 밴드 출현!

일단 밴드 구성 방식을 알면, 프랑켄슈타인 박사처럼 밴드 동물을 조립하는 방식도 이해하기 쉽다. 기타리스트가 두 명 이상 있는 메탈 밴드와 하드록 밴드도 많다. 소리에 울룩불룩 '근육'을 더하기 위해서다. 팝 밴드에서는 자기네 동물에 특별한 맵시를 더하려고 현악기와 금관악기를 쓸 수도 있다. 공작이 위풍당당한 깃털을 뽐내는 것과 비슷하다. 이제 여러분이 꿈꾸는 밴드를 어떻게 만들어 갈지 궁금하면 이렇게 자문해 보자. "우리 밴드는 어떤 동물이 될까?"

⣿ 이 곡을 들어 보자
밴드에 누가 있지?

한 친구는 색소폰을 연주할 줄 알고 다른 친구는 바이올린을, 그리고 여러분은 기타를 칠 줄 안다면? 밴드 하나 탄생이다. 여기, "밴드가 되지 못할 이유가 뭐람?" 하고 말하는 듯한 밴드들이 있다.

화이트 스트라입스 The White Stripes
》'블랙 매스 Black Math'

미국의 화이트 스트라입스 같은 듀오 밴드는 대개 기타, 보컬, 드럼만 가지고 강렬하면서도 몰아치는 소리를 만들어 낸다.

아케이드 파이어 Arcade Fire 》 **'웨이크 업** Wake Up'

캐나다의 아케이드 파이어처럼 거대한 밴드는 웅장한 소리를 빚어내기 위해 작은 부대 수준의 악기(게다가 그 밖의 희한한 것들!) 편성으로 무대를 채운다.

루츠 The Roots / **넬리 퍼타도** Nelly Furtado**의 피처링**
》'새크리파이스 Sacrifice'

드럼 머신과 디제이가 지배하는 힙합 음악계에서 이 인상적인 필라델피아 그룹은 라이브로 연주하는 힙합 밴드로 독특한 자리를 구축했다.

일단

모여 보자

밴드를 만들고 싶은 사람이라면 누구나 이상적인 밴드 모습을 꿈꾸며 어떤 옷을 입을지, 어떤 소리를 낼지 이것저것 그려 보았을 것이다. 그러나 너무 앞서가지는 말자. 여러분에게는 악기만이 아니라 함께 연주할, 살아 숨 쉬는 사람들이 필요하다!

밴드가 모이는 방법에 정답은 없다. 훌륭한 밴드들이 만들어진 과정을 들여다보면 우연한 만남도 있고 평생 가는 우정도 있고 심지어 물고 뜯는 라이벌 관계도 있다. 여러분이 누군가를 찾는 만큼 다른 사람들도 여러분을 열심히 찾고 있을 것이다.

밴드 이름 짓기

밴드 이름을 뭐라고 지을까? 사람들이 열광하는 밴드 중에는 '3호선 버터플라이', '언니네 이발관', '브로콜리 너마저', '크라잉넛' 등 재미있는 이름이 많다. 좋은 이름을 정하는 비결은 사람들이 쉽게 기억할 이름을 고르는 것이다.

아이디어가 떠오르지 않으면 브레인스토밍을 해 본다. 재미있거나 관심 있는 낱말들을 쭉 적어 내려가자. '전자' 같은 과학적인 단어도 있을 것이고, '여우' 같은 동물도 나올 것이며, '스케이트장' 같은 장소도 등장할 것이다. 이제 그 낱말들을 뒤섞으면 어떤 일이 일어날까? '한밤중 여우들'은 어떨까? '전자 스케이트장'은? 또 뭐가 있을까?

동료 찾아 나서기

가장 전통적인 방법이 여전히 최선의 방법이다. 밴드 구성원을 찾는다는 포스터를 학교, 도서관, 동네 카페나 음반 가게 주변에 붙이고 광고하는 것이다. 포스터를 스캔하거나 컴퓨터로 제작해서 이메일을 보낼 수도 있고 여러분 웹 사이트에 올릴 수도 있다. 이때 아래 정보를 알림 포스터에 분명히 넣어야 한다.

여러분이 연주하는 악기는 무엇인가,
어떤 악기 연주자를 찾고 있는가? ⇨

기타리스트가
드러머와 베이스
연주자를 찾고
있습니다.

보컬 모집!

스티비 원더, 알 그린,
샘 쿡에 열광하십니까?
함께 이야기
나눠 봅시다!

⇦ 여러분이 좋아하는 뮤지션이나
밴드는 무엇인가?

★ ★ ★

여학생 셋입니다.
시간 여행의
가능성을 증명해 줄
드러머,
어디 없나요?

★ ★ ★

이런 문구가 별로 와 닿지 않는다면
독창적으로 시도해 본다. ⇨

 연락 가능한 이메일 주소를 적는다.

직감에 맡겨

이름을 만들 때는 무엇이든 거침없이 내놓아 본다. 거리 이름이든, 괴상한 음식 성분 이름이든, 외국어든 다 좋다. 그저 귀를 열고 직감에 맡겨라.

❝ 밴드 이름을 정할 때는 본능에 충실하세요. 몇 개월 후에도 그 이름이 마음에 들고 귀에 착착 감기면 그때 결정하세요. 우린 밴드 이름을 좋아한 나머지 성으로 붙였답니다. ❞

— 엘렌 캄페시노스
영국 밴드 '로스 캄페시노스'의 베이스 연주자

잠깐! : 안전상의 이유와 사생활 보호를 위해 자주 쓰는 이메일 주소를 적지 않도록 한다. 대신 johnscoolnewband@internetmail.com 같은 식으로 밴드 구성원 모집 전용 계정을 만든다. 그리고 답장이 온 사람들과 만날 때는 부모님께 알려야 한다.

연습을
어디서 할까

밴드는 정말 시끄러워

주위 사람들을 괴롭히지 않고 연습할 수 있는 장소가 절실하다. 외진 곳에 있는 단독 주택이라면 더할 나위 없이 좋다. 사실 밴드 연습에는 집만큼 좋은 곳이 없다. 안전하기도 하고 장비를 마음대로 놓아 둘 수도 있다. 그리고 무료다! 하지만 너무 서두르지 마라. 부모님에게도 좋은 생각이란 확신을 심어 드리는 게 먼저다. 그러려면 모두의 신경을 거스르지 않고 최대한 일이 편안히 진행되도록 계획을 세우자.

밴드 연습에 가장 적합한 곳은 대부분 지하실이다. 지하로 들어가면 소리를 가둘 수 있고, 외떨어져 있어서 좋다. 방음 시설을 갖추려면 비싸지만, 돈을 거의 들이지 않고 방음할 수 있는 방법이 있다.

· 낡은 담요를 벽에 건다. 두꺼울수록 더 좋다. 이렇게 하면 담요가 소리를 흡수하고 방 안에서 소리가 반사되는 것을 막아 준다.
· 이웃을 위해 베개로 창문을 덮는다.
· 연습하는 동안 문과 창문 틈을 틀어막는 것도 잊지 않는다.

언제 하느냐가 중요하다

항상 가족에게 편한 시간에 연습 스케줄을 잡도록 한다. 부모님이 목요일 저녁마다 운동하러 외출한다면 그때가 연습 시간이다. 이웃을 찾아가서 여러분이 무슨 일을 할지 미리 말해 둔다. 연습이 시작되면 어차피 이웃들도 알게 되겠지만, 미리 말했을 때 여러분 음악에 대한 이해와 지지를 조금 더 높일 수 있다.

마이크를 준비하자

소리가 밖으로 나가지 않게 차단했으니, 볼륨을 높일 시간이다! PA public address 라고 하는 확성 시스

이야기 나온 김에 귀마개를 빠뜨리지 말자. 30년쯤 지나면 여러분이 밴드 연습을 하면서 귀를 보호했다는 사실이 고마울 것이다. 동네 약국이나 문구점에서 몇천 원이면 귀마개를 여러 개 살 수 있다. (소리가 약간 작게 들리는 데 익숙해지니 걱정하지 마라.) 장래에는 여러분 귀에 딱 맞게 만들어진 전문가용 귀마개에 돈을 쓸 수도 있을 것이다.

PA 장비는 마이크로폰과 스피커로 이루어져 있다. 보컬 목소리를 크게 키워서 악기 소리에 묻히지 않고 들릴 수 있게 해 준다. 안타깝게도 PA 장비는 저렴하지 않다. 보컬을 위한 가장 기본적인 마이크로폰, 즉 마이크로 만족하고 악기점에서 더 저렴한 중고 물품을 물색한다.

쉿, 조용!

오로지 요란한 음악만 좋아하는 친구들도 있다. 그렇다고 평소에 볼륨을 있는 대로 높여 악기를 연주해서는 안 된다. 왜일까?

· 가족과 이웃을 고려해야 하기 때문이다.
· 연주할 때 서로의 소리를 제대로 듣는 법을 배우기 위해서다.
· 금관악기 같은 어쿠스틱 악기들이라면 마이크가 없더라도 당연히 소리가 크기 때문이다. (그러니 PA가 필요 없다.)
· 청력을 위해서다!

집에서 연주할 수 없으면?

집에서 연주하겠다는 말에 가족 모두 반대하는가? 실망스럽겠다. 물론 여러분의 노래가 형편없기 때문은 분명 아닐 거다. 다음과 같은 차선책이 있으니 그래도 다행이다.

· 학교에 대개 방과 후에 이용할 수 있는 밴드부실이 있다.
· 여러분이 사는 지역에 시간을 정해 대여하는 연습 공간이 있을 것이다. 비쌀 수도 있지만 비상시에는 유용하다. 변동 없이 지속적으로 연습할 수 있는 장소를 찾는 게 좋다.
· 연습 공간을 찾을 수 없다면 잠시 연습 방식을 바꿔라. 플러그를 뽑은 채로 연습하고, 베개나 쿠션을 놓고 드럼 연습을 하는 거다. 이상적인 연습 방법은 아니지만 연습을 계속할 수는 있다. 약간의 역경이 있다 한들 문제 될 건 없다.

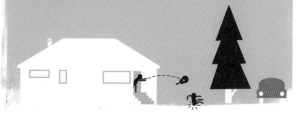

곡을 배워 보자

밴드도 만들었고 공간도 장만했다.
이제 뭘 연주할 건가?
처음 시작할 때 가장 수월한 길은
여러분이 가장 좋아하는 곡들,
제일 잘 아는 음악을 배우는 것이다.

어떤 곡을 리메이크한 버전을 들어 봤을 것이다.
자기 노래가 아니라 다른 밴드나 뮤지션의 곡을 연
주하는 것이다. 대부분 원곡에 가깝게 연주하지만
재해석이라고 부르는 편이 나을 만큼 흥미롭게 바
뀐 연주도 있다.
밴드 구성원들이 무슨 곡을 연주하고 싶어 몸이 달

았는지 알아보고 그중 가장 쉬운 곡으로 시작하라.
쉬운 곡이라고 하면 대체로 화음이 많지 않고 박자
도 평범한 곡을 말한다. 그래도 여러분은 동료들의
능력을 금세 파악하게 될 것이다.

인터넷을 뒤져 악보나 가사를 찾을 수도 있고 초보
자들이 보기 쉬운 기타 태블러처(여섯 개의 기타 줄
위에 몇 번 플랫, 몇 번 줄을 눌러야 하는지 표시한 악보.
흔히 '타브 악보'라 부른다)를 발견할 수도 있다. 여의
치 않으면 같은 곡을 반복해 들으면서 이해하려고
노력하라. 한 번에 한 파트씩 천천히 익혀라. 그리
고 연습에 연습, 또 연습해라!

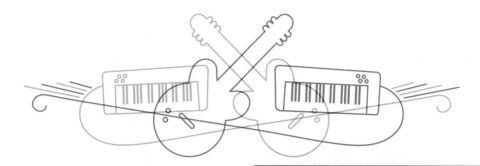

느긋하게 즐겨

'잼jam'은 규칙 없이 즉흥적으로 하는 연주를 말한다. 음표와 박자를 조금씩 연주하기 시작하면서 음악에 자신을 맡겨 본다. 잼을 할 때는 누구나 무엇이든 시도해 볼 수 있으며 얼마든지 환영이다. 중요한 건 즐거움이다. 덧붙여 자기 악기에 관해 새로운 점을 발견하게 되고 시도해 보지 못했던 음악 스타일을 접할 수도 있다. 새로 결성된 밴드는 잼을 통해 하나의 그룹으로서 서로 편안하고 익숙해지며, 멤버 모두 아이디어의 즐거움을 깨닫게 된다. 잼을 시작하자!

같은 시간, 같은 장소로 할까?

여러분이 좋은 밴드를 꾸렸다면 굳이 되새길 필요가 없겠으나, 정기적인 연습은 필수다. 일주일에 한두 번 꼬박꼬박 연습하면 밴드 전체가 생기를 유지할 수 있고 음감에 예민해진다. 지난번에 연습했던 내용을 죄다 잊어버리고 모이면 무슨 소용인가. 동료들의 스케줄을 확인하고 모일 수 있는 시간을 제시하라.

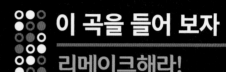

이 곡을 들어 보자
리메이크해라!

훌륭한 곡을 리메이크하는 건 위험이 따를 수 있다. 기대치가 매우 클 것이기 때문이다. 그래도 일단 성공하면 여러분은 많은 주목을 받을 것이다! 아래 소개한 곡들을 원곡과 비교해서 들어 보자. 시대를 초월해 사랑받는 명곡도 이렇게 바뀔 수 있다.

알 그린 Al Green의 '테이크 미 투 더 리버Take me to the River' ➡ **토킹 헤즈**Talking Heads

미국 뮤지션인 그린의 원곡은 감미로운 소울 음악이다. 1977년에 뉴욕에서 데뷔한 토킹 헤즈의 보컬 데이비드 번은 감미롭지 않다. 전혀 그렇지 않다. 그는 괴짜 같고 예민한 자신의 매력을 동원해서 독특한 곡을 만들었다.

건스 앤 로지스 Guns N'Roses의 '스윗 차일드 오마인 Sweet Child O'Mine' ➡ **루나**Luna

미국 밴드 건스 앤 로지스의 극단적인 헤비메탈 파워 발라드 곡이 다정한 옛날이야기로 바뀌었다. 이상하기도 한데 정말 좋다.

윌리 넬슨 Willie Nelson, **엘비스 프레슬리**Elvis Presley**의 '올웨이스 온 마이 마인드**Always on My Mind' ➡ **펫 숍 보이스**Pet Shop Boys

미국의 넬슨도, 엘비스도 이 곡을 쓰지 않았지만 두 사람의 버전은 항상 고전으로 여겨졌다. 그러나 영국 댄스 팝 듀오인 펫 숍 보이스가 이 곡을 완벽하게 재해석해 냈다.

잘 어울리기

친한 친구라도 의견이 맞지 않을 때가 있다. 밴드라고 다를 리 없다. 사실 어떤 밴드들은 티격태격 충돌하는 걸로 더 유명하다. 하지만 여러분이 매일같이 기타리스트와 언성을 높일 생각이 없다면 여기 몇 가지 방법이 있다.

다며 연습에 빠지는 일까지 생긴다. 각자 밴드에서 원하는 게 무엇인지 이야기할 시간이 찾아온 것이다. 여러분은 무엇을 원하는가?

· 다른 가수의 곡을 연주하는 것인가, 자작곡인가?
· 녹음 작업인가?
· 공연인가?

공동의 목표

밴드가 처음 의기투합해서 호흡을 맞추기 시작할 때는 모든 것이 완벽한 듯하다. 그러나 이윽고 첫 번째 공연을 앞두고 키보드 연주자가 모두를 들들 볶는 일이 벌어진다. 게다가 드러머가 축구하러 간

전업으로 연주하는 것만큼 취미로 연주하는 것도 즐거운 일이다. 그러나 밴드 구성원의 절반은 자유로이 즐기며 활동하고 싶어 하는데 절반은 세계로 본격적인 연주 여행을 떠나고 싶어 한다면, 밴드가 오래갈 수 없다.

낭 두고 지켜봐라. 몇 주가 지나도 그 문제 때문에 여전히 괴롭거든 그때 밴드 식구들에게 말하라. 다만 누군가를 비난하는 식이어서는 안 된다. 당사자는 다른 이의 마음을 불편하게 만들고 있다는 사실을 전혀 모를 수 있다.

존중하라

말은 간단하지만 동료의 아이디어와 능력을 존중하는 건 만만한 일이 아니다. 밴드 안에서 일어나는 문제 중 열에 아홉은 누군가 밴드의 의사 결정이나 곡을 만드는 과정에서 소외되었다고 느끼기 때문이다. 베이스 연주자가 쓴 곡을 여러분이 연주해 보지도 않는다면 그 곡이 얼마나 좋은지 어찌 알겠는가?

독재자가 밴드를 달리게 할지도 모른다

스스로 리더로 나선 사람들은 피곤한 스타일일 수 있지만, 동시에 어떤 일을 완수해 내는 사람이기도 하다. 리더 때문에 버겁다면 여러분이 밴드를 떠나기 전에 그를 가까이 한번 들여다보라. 나폴레옹 같은 리더가 무작정 지시만 하고 부당하게 행동하는가? 혹시 멋진 음악과 강한 에너지, 신나는 아이디어를 가진 사람인데 의욕이 지나치게 앞서는 건 아닌가? 억울한 일을 당하고도 잠자코 있을 필요는 없다. 그러나 개성 강한 리더들은 때로 밴드를 달리게 하는 엔진이 된다.

말 꺼내기 전에 신중해라

밴드 구성원들이 서로 갈등하고 흥분해서 화를 낼 수도 있다. 나쁜 일만은 아니다. 동료들이 그만큼 자기 아이디어에 열정적이라는 뜻이기 때문이다. 그런데 그런 갈등이 보이는 것만큼 심각하지는 않다는 사실에 여러분은 자주 놀라게 될 것이다. 그

안 되겠으면, 움직여라

여러분과 다른 동료가 잘 어울리지 못하는 경우도 있다. 말 그대로 간단하다. 여러분이 문제를 수습하기 어렵다면, 저 사람인지 나인지 둘 중 하나를 선택하라고 밴드에 이야기하라. 여러분을 비참하게 만드는 밴드에서 연주하기에 인생은 너무나 짧다! 다른 밴드를 찾을 수 있으니 걱정 마라.

CHAPTER 3

곡을 써 보자!

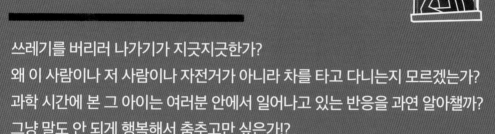

쓰레기를 버리러 나가기가 지긋지긋한가?
왜 이 사람이나 저 사람이나 자전거가 아니라 차를 타고 다니는지 모르겠는가?
과학 시간에 본 그 아이는 여러분 안에서 일어나고 있는 반응을 과연 알아챌까?
그냥 말도 안 되게 행복해서 춤추고만 싶은가!?

이런 소소한 생각과 감정들이 우리로 하여금 곡을 쓰게 한다. 음악과 언어가 나란히 놓이면서 일상적이고 소박하지만 가치 있는 생각들이 노래로 바뀐다. 그 노래에 맞춰 사람들은 춤을 추고 또 함께 부른다. 이미 셀 수 없이 많은 곡이 세상에 나와 있다는 것은 중요하지 않다. 우리에게는 항상 새로운 곡이 필요하다. 모든 작곡가는 자기만의 개인적인 이야깃거리를 가지고 있기 때문이다.

전문 작곡자와 연주자가 되는 것은 다른 문제다.

어떤 뮤지션은 곡 쓰기에 소질이 없으며, 곡을 쓰는 사람이 밴드 최고의 뮤지션이란 법도 없다. 절대 곡을 쓰지 않는 뮤지션도 있고, 절대 연주를 하지 않는 작곡자도 있다! 작곡은 연주와 분야가 다르며, 시간을 두고 천천히 발전하는 영역이다.

작사와 작곡을 공부하는 제일 좋은 방법은 다른 곡을 많이 듣는 것이다. 들으면서 이 곡이 어떻게 만들어졌을까 생각해 보자. 마음에 쏙 드는 부분은 어디인가? 여러분도 비슷하게 곡을 쓰려면 어떻게 해야 할까?

⚡⚡ 노래의 힘 ⚡⚡

팝 음악은 선율의 유사한 형식 때문에 우리 귀에 착 감기는 경우가 많다. 여러분이 발라드를 좋아하든 펑크를 좋아하든, 노래들은 대체로 동일한 기본 요소로 구성된다.

3분 30초가량 되는 절과 후렴부가 기본이며, 감칠맛을 내는 솔로가 더해지기도 한다. 물론 순서를 뒤섞지 말란 법 있냐고 말할 사람도 있을 것이다. 하지만 작곡에서 커다란 즐거움은 노래의 각 부분을 효과적으로 사용하는 법을 배워서 여러분 곡에 최대한 활용하는 것이다.

도입부intro

곡을 여는 짧은 연주 부분.

절verse

가수가 노래의 이야기를 시작할 시간.

후렴부chorus

가수가 함께 노래 부르자고 모든 이를 초대한다. 노래에서 가장 중독성이 있는 부분이다.

절 부분을 다시 부른다.

"반가워!"

"그 아이의 얘기를 들려줄게."

"그 아이는 로켓! 화끈하게 날아가!"

*

많은 작곡자들이 기억하기 쉽고 중독성 있는 곡을 만들기 위해 방금 살펴본 형식을 사용해 왔다. 음악 스타일이 무엇인지는 관계없다. 몇 가지 예를 알아보자.

뉴트럴 밀크 호텔 Neutral Milk Hotel
» **'홀랜드, 1945**Holland, 1945**'**

리한나Rihanna » **'엄브렐러**Umbrella**'**

데이비드 보위 David Bowie » **'채인지스**Changes**'**

하지만 이 형식을 따르지 않는 곡들도 많다. 규칙을 깬 노래 몇 곡만 예를 들어 보자.

비틀스The Beatles
» **'굿 데이 선샤인**Good Day Sunshine**'**

순서가 다르다. 이 곡은 후렴부로 시작한다.

라디오헤드Radiohead
» **'패러노이드 안드로이드**Paranoid Android**'**

이렇게 긴 곡은 감정의 변화를 탐험하고 새로운 부분을 덧붙이며 더 폭넓은 이야기를 전해 준다.

두 메이크 세이 싱크 Do Make Say Think
» **'더 유니버스**The Universe!**'**

노랫말이 없는 곡을 기악곡이라고 부른다. 재즈를 비롯한 많은 음악 장르에서 가장 일반적인 방식이다.

브리지 bridge

노래에 특별한 맛을 더하기 위해 양념처럼 추가하는 부분이다. 밴드에게는 노래의 이야기에 색다른 차원을 더할 수 있는 기회가 된다.

마지막 후렴부 final chorus

후렴부를 아주 강렬하게 부르면서 노래를 마친다.

결말부 outro

곡을 마무리하는 짧은 연주 부분.

후렴부를 다시 부른다.

"그 아이는 달을 맴도네……."

"그래, 그 애는 로켓이야! 끝내주는 로켓이야!"

"잘 가!"

33

음악부터 만들자

작곡가들이 가장 흔하게 받는 질문이 있다. "먼저 뭐부터 하죠? 음악이에요, 가사예요?"

음악일 때가 더 많다. 음악이 곡의 척추뼈 역할을 하기 때문이다. 언어가 그렇듯, 작곡가는 음악을 사용해서 이야기를 전한다. 그래서 노래가 그토록 강렬하게 우리에게 와 닿는 것이다. 우리가 머리로 감정과 생각을 떠올리면 동시에 몸도 같은 감정과 생각을 느낀다.

멜로디와 화성 진행

노래에서 음악은 보통 멜로디와 화성 진행으로 이루어진다.

멜로디는 주로 밴드의 보컬리스트가 부른다. 단음이 계속 이어진다.

라 - 라 — 라 — 라 — 라

화성 진행은 동시에 울리는 화음이 연속되는 것이다. 화성 진행은 매우 간단할 수도 있다. 절이나 후렴부에서 두세 개의 화음만 사용되는 경우가 많다.

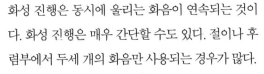
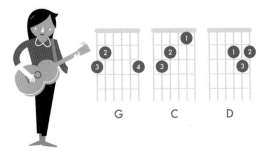

G   C   D

분위기 조성하기

작곡자로서 여러분은 갖가지 선택의 기로에 설 것이다. 그중에서도 곡의 빠르기(템포tempo)와 조key를 결정하는 일이 가장 중요하다고 해도 과언이 아니다. 이 두 가지 변수가 곡 전체의 분위기를 조성한다.

빠르기

곡의 속도를 말한다. 빠른 노래는 급하거나 행복하거나 화났거나 신나게 들린다. 느린 노래는 신중하거나 슬프거나 낭만적으로 들린다.

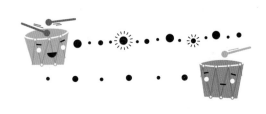

조

크게 장조와 단조 두 가지로 나뉜다. 장조는 밝고
가볍고 즐겁게 들리며, 단조는 신중하고 무겁고 슬
프게 들린다.

느낌대로

오해가 없도록 분명히 밝혀야겠다. 작곡자가 앉아
서 "급하면서 슬픈 곡을 써야겠어. 그러니까 단조
에 빠른 템포로 써야지."라고 말하는 일은 거의 없
다. 그냥 하는 거다. 여러분도 그렇게 될 것이다. 본
능적인 직감의 작용이다. 그렇지만 어떤 조성과 빠
르기가 왜 특정한 분위기나 생각을 불러일으키는
지를 이해하면 좋겠다. 예를 들어 펑크 밴드는 빠
른 템포를 많이 사용한다. 뭔가에 화가 난 노래가
많기 때문이다. 달콤한 팝송은 장조를 많이 사용해
서 밝고 행복하게 들린다.

벽돌 쌓듯 차곡차곡

어떤 작곡가들은 우선 짧은 노래 조각들을 많이
만들고 난 다음 어느 것이 가장 잘 맞을지를 생각해
본다.

❝ '머셔붐Mushaboom'은 구상할 때부터 거의
완성된 그림이었어요. 고작 20분 만에
완성했으니까요. 흔한 일은 아니죠! 다른 곡들은
작게 조각조각 나왔어요. 그런 노래 조각은 레고
조각과 비슷하죠. 귀를 계속 열어 둔 채 조각들을
여기 놓았다 저기 놓았다 하는 거예요. ❞

― 파이스트
캐나다의 싱어송라이터

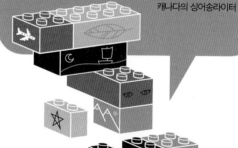

말할 게 있어!

"가사 아직 안 끝났어?"
작사·작곡가들이 흔히 듣는 질문이다.
여러분도 듣게 될 거다.
많은 가수들이 스튜디오에서 곡을
녹음하면서까지 여전히 가사 작업을
손에서 놓지 못한다.
그럴 만한 이유가 있다.
가사 쓰기가 정말 어렵기 때문이다.

나의 마음을 담아

마음과 영혼을 노래 한 곡에 담아야 한다는 기대에 겁을 집어먹기 쉽다. 가사를 쓰려면 우선 대담해져야 한다. 여러분이 어떻게 느끼는지 적어 내려가라. 물론 조금 쑥스러울 수도 있지만, 가사는 그걸 쓴 사람에게 의미 있을 때 더 좋은 가사가 된다. 그리고 정직하게 쓸수록 가사를 통해 자신을 더 잘 표현하게 된다.

음악은 가사의 절친

본질적으로 가사는 음악에 맞춘 시다. 그러나 시와는 다르게 가사는 언어 자체에만 의존하지 않는다. 가사의 단어는 음악과 함께 작용하면서 노래를 완성한다. 가사만 봐서는 우습게 들리는 많은 구절이 딱 맞는 음악과 짝 지어졌을 때 완벽하게 들릴 수 있는 것이다. '바- 바- 바- 바바' 따위도 꽤 괜찮게 들린다!

가사를 쓰는 여러 방법

음악 자체도 그렇지만 가사도 여러 가지 방식으로 떠오른다. 여러분이 원하는 무엇이든 가사가 될 수 있다는 걸 기억하라. 바보 같든 심각하든, 실제 이야기든 꾸며낸 모험 이야기든, 고함을 지르든 악을 쓰든, 뭐든 된다!

멋진 인물 - 많은 노래가 이야기를 전해 준다. 인물

을 하나 만들어 내라(스파이도 좋고 청소부도 좋다). 그리고 그 사람의 하루에 대해 말해 보자. 독특한 디테일을 많이 집어넣어야 한다.

내가 정말 싫어하는 것 – 여러분을 괴롭히는 것 또는 괴롭히는 인간에 관해 고래고래 고함을 질러라. 흠, 아니다. 다시 한 번 잘 생각해 보고 정하도록 하자.

내가 정말 사랑하는 것 – 여러분이 정말 사랑하는 것 또는 사랑하는 사람에 대해 노래할 수도 있다. 그래, 여러분이 맞다. 사랑하는 걸 노래하는 게 좋겠다.

횡설수설 – 노래에 괴상한 구절이 얼마나 자주 튀어나오는지 알면 놀랄 것이다. 여러분은 "이런 헤이즐 뼈다귀/나는 전화를 바꾸지"라고 노래하면서도 무슨 뜻인지는 정확히 모를 것이다. 그렇지만 노래로 부르기에는 재미있다!

라임 맞추기

랩 가사를 쓸 때 꼭 라임 rhyme을 지킬 필요는 없지만, 라임은 리듬감을 준다. 좋은 라임은 멜로디와 아름답게 어울린다. 잘못된 음이 거슬리듯이 라임이 맞지 않는 가사는 뭔가 어긋나고 틀린 것처럼 들릴 때가 많다. 라임은 가사를 자연스럽고 부드럽게 만든다.

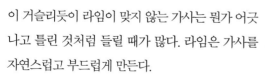

어색한 단어를 바꾼다 – 단어가 입에 잘 붙지 않고 딱딱하거나 음악과 잘 맞지 않으면 좀 더 부르기 쉬운 말로 바꾼다.

진부한 표현은 과감히 뺀다 – 진부한 표현이란 전에도 수백 번쯤 들어 본 어구를 말한다. "영원토록 사랑"한다거나 "우린 해낼 수 있어.", "너를 잊지 못할 거야." 같은 말이다. 느낌이나 생각을 표현하기에 틀린 것은 아니지만 자기만의 방식으로 표현하기 위해 노력하라.

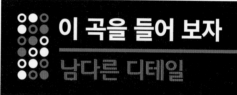

이 곡을 들어 보자
남다른 디테일

여러분의 스타일은 무엇인가? 의식의 흐름에 몸을 맡길까? 아니면 더 직접적으로 말하는 방법을 택할까?

닐 영 Neil Young » **'시나몬 걸**Cinnamon Girl'

꿈에 그리는 여인을 설명하기 위해 단순하게 '계피'를 선택한 캐나다 가수 닐 영은 천재다. 그저 이 한 단어로 여러분은 즉각적으로 어떤 색깔, 어떤 향기, 그리고 어떤 맛을 상상하게 된다.

밥 딜런 Bob Dylan
» **'발라드 오브 어 신 맨**Ballad of a Thin Man'

이 곡에서 '미스터 존스'는 앞뒤가 전혀 안 맞아 보이는 세상에서 길을 잃는다. 그리고 미국 가수 밥 딜런의 기이하고 특이한 가사는 여러분도 똑같이 느끼게 만든다.

론 섹스스미스 Ron Sexsmith
» **'잇 네버 페일스**It Never Fails'

캐나다 가수 섹스스미스의 이 노래는 '그건 절대 실패하지 않지'라는 평범한 어구를 사용해서 여러분이 믿고 있는 나쁜 것과 좋은 것 양쪽 모두에 관해 이야기한다.

나만의 노래를 만들자

여러분 자신의 노래를 쓰도록 도와줄 연습 방법이 있다. 이 방법을 정확히 따를 필요도 없고, 그러는 작곡가도 거의 없다. 그러나 어떻게 아이디어를 모을 수 있는지는 알 수 있을 것이다.

요리 레시피처럼 몇 가지 재료가 꼭 필요하다.

· 기타 또는 피아노·키보드(작곡에 가장 적합한 악기다)
· 펜·연필, 종이
· 멜로디나 가사를 위한 아이디어 전부. 생각날 때마다
  여러분이 종이에 끄적이거나 휴대 전화에 녹음해 둔 것 모두

1단계

이때껏 여러분이 만들어 낸 노래 토막들을 전부 모은다. 뭔가 확 와 닿는 것이 있는가? 마음에 드는 멜로디, 화성 진행 또는 리프(반복되는 악절)를 찾아낸다.

2단계

찾아낸 토막들을 믹스 앤 매치, 즉 이리저리 뒤섞고 짝을 지어 본다. 멜로디 두 개가 서로 자연스럽게 어울리는지 맞춰 보는 식이다. 또는 화성 진행이나 리프를 택해서 그것을 따라 새로운 멜로디를 하나 불러 본다. 성급해하지 말고 마음이 가는 대로 잠시 두라. 여러분이 어디서부터 시작하면 좋을지, 시작할 지점을 찾는 단계다.

3단계

이미 짧은 멜로디와 화성 진행을 갖고 있는 상태이므로 아마 훌륭한 절verse을 이끌어 낼 것이다. 여러 번 부르고 연주하면서 그 부분의 사운드를 철저히 파헤쳐라. 그리고 낙서하듯이 끄적여 둔 단어들이 있으면 새로 만든 멜로디에 붙여서 노래해 본다.

4단계

절 부분이 단단해졌다 싶으면 후렴부 chorus를 찾아낼 시간이다. 여기가 곡을 한 단계 발전시키는 부분이다. 수많은 방식이 있겠지만 몇 가지를 소개한다.

반복, 반복, 반복
많은 후렴부들이 단순한 구절을 계속 반복한다.

더 높여서 부르기
절보다 톤을 높여서 불러 본다. 많은 팝송에서 이 방법을 사용한다.

계속 연주하기
절보다 더 길게 연주하는 게 특징인 후렴부도 있다.

6단계

이제는 곡을 놔두고 기다릴 시간이다. 케이크처럼 여러분의 노래도 '구워질' 시간이 필요하다. 물론 정말 굽는다는 건 아니지만 때로는 곡을 손에서 내려놓고 산책을 나가든가 다른 일을 하는 게 도움이 된다. 잘된 곡이라면, 여러분 머릿속에서 떠나지 않을 것이다.

7단계

산책은 어땠는가? 좋다! 이제는 앉아서 곡 전체를 쭉 연주해라. 가사를 아직 못 끝냈다는 걱정일랑 접어 둬라. 무슨 생각이 드는가?

좋아! – 축하한다! 이제 그 노래를 갈고 닦아서 친구들과 가족 앞에서 신나게 연주해라!

싫어! – 속 태우지 말자. 별것 아니다. 이런 일도 생기는 법이다. 곡이 마음에 들지 않는다고 쓰레기통으로 던지지는 마라. 언제고 좋은 아이디어가 떠올라서 그 곡이 특별한 곡으로 탈바꿈하게 될지 모르는 일이다.

5단계

절과 후렴부를 번갈아 부르면서 이렇게 자문해 본다.

흐름이 괜찮은가?
절과 후렴부가 만나는 부분을 전환부 transition라고 부른다. 그 부분이 뭔가 엉성한 느낌이 들면, 새로운 코드를 더하거나 전환부 전의 코드를 더 길게 발전시켜 본다. 시도해 보는 거다!

절이 너무 기억하기 쉬운가?
절 부분이 후렴부보다 더 후렴처럼 들린다면, 둘을 바꾸면 된다! 이제 어떤가?

잠깐! : 곡 쓰기가 어렵게 느껴지면 부끄러워하지 말고 영감을 얻기 위해 여러분이 가장 좋아하는 노래들을 떠올려 보자. 한 부분을 통째로 훔쳐 오는 건 그릇된 행동이지만, 다른 작곡가들도 자기들이 좋아하는 곡에서 아이디어를 빌려 온다. 여러분도 그럴 수 있다!

STOP

엉뚱해도 괜찮아

많은 사람들이 노래가 어떻게 만들어져야 하는지에 대해 이야기한다. 그러나 언제나 예외는 있고 노래를 지을 때는 특히 그렇다. 뜨거운 두뇌를 강타하는 모든 아이디어를 탐험할 수 있도록 자유를 허락하라. 영감은 어디에서나 발견할 수 있다.

안에서 펼쳐지는 이야기를 완벽하게 반영하는, 긴장감을 고조시키고 신경을 자극하며 원시 부족 느낌이 나는 음악이 탄생했다.

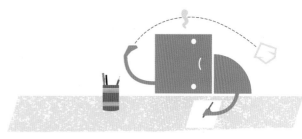

공룡처럼 거대한 사전을 참고하라

라임을 지킨 가사도 시시한 것이 있다. 너무 예측 가능한 건 재미없다! 뻔한 라임 때문에 기운이 빠지거든 사전을 뒤져 맛깔 나는 어휘를 더해라. 같은 라임이라도 색다른 낱말을 넣고 여러분을 어디로 이끄는지 보라. 때로 특이한 라임 하나로 노래 전체가 더 좋아질 수 있다.

인생의 사운드트랙

새로운 느낌의 음악을 받아들이도록 뇌를 훈련하기에 가장 좋은 방법은 영화나 TV 사운드트랙을 주의 깊게 듣는 것이다. 5초짜리 상업 광고 노래부터 오스카상을 받은 대작 영화 음악까지 무엇이든 여러분의 생각을 바꿀 수 있다.

사운드트랙은 특별한 분위기나 느낌을 전달하기 위해 면밀히 고안된 음악이기 때문이다. 최고의 사운드트랙은 해당 장면을 뒷받침해 주기 위해 남다른 방법을 쓴다. 예를 하나 들어 보자. 미국의 작곡가 마이클 자키노 Michael Giacchino 는 비행기가 남태평양 섬에 추락한 후 생존자들이 벌이는 이야기를 다룬 TV 시리즈 〈로스트 Lost〉의 음악을 요청받았다. 그때 그는 실제 비행기 동체의 깨진 조각을 타악기로 사용했다. 그 결과 섬이라는 장소와 그

생각이 막혔을 때

작곡에 관한 슬픈 진실이 있다. 때로는 곡을 쓰려고 자리에 한참 앉아 있어도 어느 하나 떠오르지 않는다는 사실이다. 정확히 무엇이 작곡자를 가로막는 걸까? 생각이 꽉 막혔다는 건 여러분의 뇌가 지루하다는 표시다. 그러니 초안이 잡힌 곡을 완벽하게 다듬어야겠다는 생각을 접고 뭔가 색다른 걸 여러분 마음에 공급해 줘야 한다. 사촌 형이 한 번 들어 보라고 추천한 새로운 밴드에 귀를 기울일 때인지도 모른다. 책을 읽거나 저녁 식사 준비를 거들 수도 있겠다. 양파를 썰다가 완벽한 곡 아이디어가 떠올라도 너무 놀라지 말길 바란다. 손가락을 조심해야 하니까!

잠깐! : 영감이 언제 갑자기 떠오를지 모른다. 번뜩이는 아이디어가 떠오르면 바로 적을 수 있도록 외출할 때 노트를 반드시 지녀라. 아니면 디지털 녹음기는 어떤가? 멜로디를 수시로 녹음해 두었다가 나중에 컴퓨터에 다운로드하면 된다.

내 곡을 밴드에 소개하자

여러분이 쓴 곡을
밴드 동료들과 나눌 준비가 되었는가?

최초로 연주되는 나의 음악을 듣는다니! 정말 멋진 일이지만 기대했
던 것과 다를 수도 있다. 그러니 먼저 왜 이 곡을 썼는지, 어떻게 연주
하면 좋을지 동료들에게 설명하라. 또한 명심해야 할 점이 있다. 비록
동료들이 여러분의 곡을 음표 하나까지 마음에 들어 한다 해도 바꾸
고 싶어 하는 부분도 있을 거라는 점이다. 그럴 때 방어적으로 반응하
지 말고 동료들 제안에 성심껏 귀를 기울여라. 연주가 잘되는 것 같지
않으면 일단 다른 곡으로 넘어가라. 단지 지금 그 곡에 맞는 때가 아닐
수도 있다. 그러니 괜찮다. 공동으로 작업하면서 여러분은 모두가 자
랑스러워할 곡을 만들 수 있다.

잠깐! 밴드 동료들이 새로운 노래를 써서 보여 주면 그들 노고에 존경을
표하기 바란다. 여러분 마음에 들지 않을 수도 있지만 동료는 그 곡에 많은
노력을 기울였을 것이다. 비평은 건설적으로 하고 좋은 부분은 칭찬하라.

컬래버레이션 collaboration

많은 밴드가 공동 작업으로 곡을 쓴다. 누군가 보컬 멜로디 같은 작은 실마리를 제시하면, 모두 함께 작업해서 나머지를 발전시키는 경우가 많다. 공동으로 곡을 쓰는 건 '잼'과 비슷하다. 다른 점이 있다면 특별한 아이디어를 발전시킬 소리를 잡아내려고 노력한다는 것뿐이다. 이 방법은 느리기는 해도 밴드가 단단히 뭉치는 데 정말 도움이 된다. 공동 곡 쓰기로 향하는 좋은 길이 있다.

어, 그거 다시 해 봐! - 무심코 튕긴 기타 줄, 아무 생각 없이 친 키보드 건반 하나가 누군가에게 커다란 영감을 줄 수 있다. 각자 자기 악기를 탐험하도록 격려하라.

바꿔서 연주해 보면 어떨까? - 키보드 연주자가 베이스 라인을 연주하는 식으로 밴드 동료들이 파트를 서로 바꿔 보면 예기치 못했지만 정말 멋있는 곡으로 변화시킬 수 있다.

드럼만! - 연주를 하다가 잠깐 멈춰 보라. 잠시 동안 악기 하나로만 연주하는 것이다. 대개 절이나 후렴이 나오기 직전이다.

서로에게 좋은 일

개성 강한 작곡자는 사람들에게 이래라 저래라 명령하기 쉽다. 익숙해질 시간이 필요하다. 밴드가 함께 곡을 쓸 때 여러분은 조금 양보하면 큰 것을 얻을 수 있음을 알게 될 것이다.

> 혼자서 곡을 쓸 때는 누구한테도 내 생각을 설명할 필요가 없어요. 어디쯤에 브리지를 넣어야겠다 싶으면 거기 넣으면 되지요! 그렇지만 알렉시스온파이어 밴드에는 개성 강한 이들이 많습니다. 처음에는 이상했죠.
> 하지만 이제는 내가 리프 하나에 푹 빠지면, 그걸 동료들에게 들려주고 우리 모두 함께 만들어 가기 시작합니다.
>
> — 댈러스 그린
> 캐나다 밴드 '시티 앤 컬러'·'알렉시스온파이어'의
> 가수·기타리스트

CHAPTER 4

라이브 연주하기

환호하는 청중을 상상하나? 실제로는 웅성대는 쪽이다.
잡담하는 목소리가 들리고 의자들이 부딪치기도 한다.
여러분은 구석에서 엿보다가 숨을 크게 들이쉰 다음 무대로 올라간다.

청중 앞에서 여러분이 처음 공연할 때는 아마 이와 비슷할 것이다. 그리고 단 스무 명 앞이라도 여러분에게는 꿈에 그리던 2만 청중처럼 느껴질 것이다. 누구나 무대에 올라가서 청중을 한 방에 날려 버리길 바란다. 생각해 보면, 악기 하나를 연주할 줄 아는지 여부는 중요한 문제가 아니다. 테니스 라켓, 테이블 윗면, 샤워 꼭지 같은 게 이런 로큰롤 판타지를 실행하도록 도와준다.

실제 삶에서 무대 공연은 뮤지션에게 어떤 것일까? 우선, 모두가 상상하는 만큼 재미있다. 많은 뮤지션들은 관심의 대상이 되어 청중으로부터 반응을 받는 것을 단순히 즐긴다.

그러나 라이브 연주는 연주자의 실제 실력을 가늠하는 척도이기도 하다. 스튜디오의 기술을 가미할 수도 없고 연습 공간이란 피신처도 없다. 여러분은 노래 여러 곡을 연속해서 부를 수 있는가? 무대에는 숨을 곳이 전혀 없으니 청중과 마주 서야 한다. 그래서 대부분 겁을 먹는다.

그런데 왜 무대 라이브 공연을 하는 걸까? 여러분도 긴장해서 떠는 사람이라면, 언젠가는 앞에 나서는 일이 더 쉬워질까? 그렇다. 쉬워진다. 하지만 보통 금세 되지는 않는다. 공연을 한 번씩 하면서 점차 나아지는 것이다.

좋아. 그럼 깊이 심호흡을 하고 무대로 올라가자!

광고
벽 보
만 들 기

누구나 자기네 공연을 무대에 올리고 싶어 한다. 그러나 청소년 밴드에게는 큰 장애물이 하나 있다. 대부분 음악 클럽은 바(술집)를 겸하고 있기 때문이다. 미성년자는 입장 불가라는 말이다.

나이 제한 없는 파티!

그렇다고 맥 빠질 거 없다. 나이 제한 없는 공연도 있으니 말이다. 말 그대로다. 모든 연령의 사람들이 올 수 있다. 이런 공연은 여러분이 생각하는 것보다 준비하기 쉽다. 계획만 조금 세우면 된다. 그러나 구체적인 준비에 들어가기 전에 체크리스트로 시작해 보자. 공연을 올리기 위해 필요한 것들이다.

· 광고 벽보(연주할 밴드의 목록)

· 장소(연주할 곳의 위치)

· 음향 장비(장비가 없는 장소라면 준비해야 한다)

· 스태프(잡다한 일을 도와줄 친구 한두 명)

· 홍보(공연 알리기)

광고 벽보 만들기

공연을 하기 전에 광고지가 필요하다. 공연할 밴드의 이름을 알리는 것이다. 여러분만의 공연을 할 수도 있지만 특히 처음 시작할 때는 많은 밴드가 참여할수록 즐겁다. 다른 밴드와 함

께 하면 비용을 나누어 부담할 수도 있고 더 많은

관중을 끌어들일 수도 있다. 서너 밴드가 함께 출
연하면 관중을 충분히 확보할 수 있다.

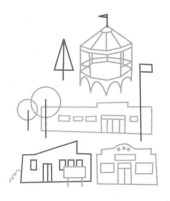

적합한 장소
공연은 어디서든 할 수 있지만, 그래도 더 나은 장소가 있기 마련이다. 지역 문화 센터나 커뮤니티 센터를 확인하라. 그런 곳에서는 아마 연주회나 연극 공연 등이 정기적으로 열릴 것이다. 그러니 무대도 있고 음향 시설도 갖춰져 있을 것이다. 그 밖의 장소로는 카페, 서점, 학교 강당도 좋다. 장소를 예약하기 전에 대여료가 있는지 반드시 물어봐야 한다.

즐거운 나의 집?
부모님과 이웃이 이해해 준다면 집에서 여는 공연도 좋다. 평소에 연습하던 장소에서 시간만 정하고 사람들을 불러 연주를 들려주면 된다. 여러분은 많은 관중의 요구에 맞출 수도 없을 테고 사운드도 썩 훌륭하지 못할 거다. 그러나 여러분이 시작하는 데 그런 건 전혀 중요하지 않다. 이건 관중 앞에서 연주할 기회다. 그러니 마음껏 즐기고 나서 모두를 위해 피자 몇 판 주문해라!

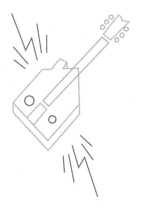

우리 말고 누구 없소?
혼자 하지 말라고 붙드는 건 아니지만, 누군가 다른 사람이 이미 그 동네에서 공연했는지 물어보는 게 좋다. 그들과 팀을 이루어 진짜 대박 공연을 만들 수 있을지도 모른다.

오프닝 밴드도 괜찮아
대부분의 새로운 밴드들은 본 공연 전에 오프닝 밴드로 시작한다. 오프닝 밴드는 본 공연이나 스타가 나오기 전에 등장하는 것이다. 오프닝 자리라고 해서 여러분에게 저절로 굴러 떨어지는 게 아니다. 이리저리 수소문도 해야 하고 좋은 공연 기회를 얻기 위해 다른 밴드도 만나야 한다. 어렵겠지만 포기하지 말고, 연주가 들어오면 무엇이든 해라. 사람들에게 공손히 대하고 공연 주인공에게 존경을 표하라(여러분이 그들 음악을 좋아하지 않더라도). 그러면 더 많은 기회가 찾아올 것이다. 여러분은 그 공연에 결정권이 없겠지만 머리 아프게 뭔가 계획을 세울 필요도 없다. 그저 등장해서 연주하면 되는 거다!

공연 준비하기

정신없고 즉흥적인 일들이 콘서트에서 하도 많이 발생하기 때문에 얼마나 많은 계획이 공연에 필요한지 놓치기 쉽다. 뭔가 저지르기 전에 명확한 계획을 세우도록 한다.

음향 장비 대여하기

넓은 장소에는 자체 음향 장비가 마련되어 있지만 음반 가게라든지 카페, 집 마당처럼 일반적으로 공연하는 장소가 아니라면 장비를 대여해야 한다. 20~50명 정도 관중을 기대한다면 간단한 음향 장비로 충분할 것이다(관중의 머리를 날려 버리고 싶지는 않을 테니까). 이런 장비가 필요하다.

· 스피커 2대(스피커 스탠드 포함)
· 모니터 스피커 2~3대
· 마이크 2~3대(마이크 스탠드 포함)
· 4~8채널의 믹싱 보드

마이크가 부족할 때

믹싱 보드가 너무 작으면 앰프가 있는 악기에 마이크를 하나씩 배치할 수가 없다. 그 대신 모든 마이크가 보컬을 위해 사용될 것이다. 걱정하지 않아도 된다. 앰프가 그동안 연습 공간에서 충분한 소리를 냈다면 여기서도 잘 작동할 것이다.

수지 맞추기

장소든 음향 장비든 뭔가 대여해야 하는 공연을 하려면 예산이 필요하다. 수입과 지출을 맞추는 건 매우 간단하다. 비용이 드는 항목을 모두 더한 것이 총지출 비용이다. 예를 들면 이렇다.

카페 대여료 10만 원

+ 음향 장비와 마이크 대여료 8만 원

= 총비용 18만 원

비용은 누가 대지?

여러분과 밴드가 모든 비용을 부담해야 하지만 청중이 비용을 대도록 도울 수도 있다. 여러분은 즐거움을 제공하니 말이다!

요금을 받자

'입장료' 대환영! 액수가 얼마나 될지 알고 싶은가? 욕심 부리지는 말자. 실제 지출될 비용을 예상 관객 수로 나눠라.

18만 원 ÷ 40명 = 4,500원

공연으로 손실을 보지 않으면서 입장료로 부과할 수 있는 최소 금액이다.

도움의 손길을 구하라

밴드는 공연에 바빠서 입장료 받는 일까지 하기 어렵다. 친구나 가족에게 입장료 받는 일을 부탁하라. 몇 명이 돌아가면서 맡으면 입장료를 받아 주느라 공연을 못 보고 놓치는 일은 없을 것이다. 음향 담당자도 필요하다. 보통 작은 공연에서는 밴드 뮤지션들이 번갈아 음향을 맡는다. 그러나 누군가 공연을 위해 믹싱 보드를 전담하겠다고 간절히 원하거든 맡겨라. 그 사람은 여러분이 연주하며 즐기는 것만큼 음향으로 실험을 하면서 열광할 수 있을 것이다.

좋아. 다 제자리에 있지?
그럼 이제 멋진 공연을 시작하자!
그나저나 여러분이 쓴 비용보다 더 많은 수익을 거두고 싶은가? 그걸 이윤이라고 하는데, 이윤이 생기면 혼자만 알고 있지 말고 밴드 동료들 그리고 스태프들과 나눠라. 잘했어!

점검123!

드디어 공연 날이다. 관객이 입장하기 전에 두 가지를 먼저 마쳐야 한다. 장비 운반과 음향 점검이다. 공연 장소에 필요한 물품들을 가져다 놓아야 하고, 장소에 맞도록 적절한 볼륨을 설정해야 한다.

정확히 무엇을 점검하는가?

소리는 장소에 따라 항상 변한다. 방의 크기, 음향 장비, 마이크, 심지어 건물을 지을 때 사용한 건축 재료도 밴드의 소리를 바꿀 수 있다. 관객이 오기 전에 모든 소리를 조정할 시간이 필요하다. 이것이 음향 점검이다. 악기와 보컬 전부가 음향 장비를 통해 완벽한 소리를 내도록 만드는 밴드만의 시간 이다. 음향을 점검하지 않고 무대에 나가 코드를 꽂는다면 괴상한 소리가 나고 말 것이다.

음향 담당자에게 존경을

음향을 맡는 사람이 반드시 필요하다. 여러분이 그 사람 마음에 들지 않으면 무대에서 대가를 지불하게 될 것이다. 예의 바르게 인사를 건네고, 준비가 마무리되는 동안 차분히 기다리고, 하라는 대로 하자. 음향 담당자가 여러분에게 한 명씩 연주하라고 요청할 것이다. 보통은 드럼부터 시작한다. 마음 편히 먹고 참을성 있게 행동하면 모든 사운드가 훌륭하게 들리도록 잘 만들어 줄 것이다.

테스트하기

악기 설치를 마치고 나면 시험 삼아 연주와 노래를 해 볼 시간이다. 밴드 전체가 편하게 느끼는 곡을 하나 골라서 연주한다. 무슨 문제가 없는지 생각하며 들어 보라. 모든 악기가 골고루 잘 들리는가? 지나치게 소리가 튀는 악기는 없나? 곡이 끝나면 음향 담당자에게 모니터 스피커에 맞춰 어떤 부분을 조정해야 할지 물어본다. 리드 보컬 소리를 좀 더 키울지, 기타 소리를 좀 줄일지 말이다. 모두가 음향에 대해 흡족해하면 편히 쉬면서 공연 시간을 기다리면 된다.

시간이 없다!

음향 점검에서는 우선 주인공에게 대부분의 시간을 할애해야 한다. 여러분이 오프닝 밴드라면, 게다가 오프닝 밴드가 5개쯤 된다면, 음향 점검을 충분히 할 수가 없다. 대신 관객들 눈앞에서 라인 체크라는 것을 할 가능성이 크다. 공연 시작 직전에 음향 담당이 각자에게 몇 초간 악기를 연주해 보라고 요청한다. 음향 담당자가 전체 사운드를 고르게 안정시키는 동안 벌써 첫 번째 곡을 시작해야 한다. 이상적인 상황은 아니지만 이해할 수 있는 일이다. 음향 담당자는 할 일이 정신없이 많으니, 이러쿵저러쿵 불평을 하면 다듬어지지 못한 소리로 공연을 하게 될 것이다.

긴장은 사실 무대 공연의 일부라
해도 과언이 아니다. 뮤지션만 울렁증을
느끼는 게 아니다. 대중 앞에서 연설하는
사람도 뱃속이 오그라드는 긴장을
느끼고, 프로 운동선수들도 큰 경기를
앞두고 마음을 졸인다. 벌벌 떨고
안절부절못하다가 공연을 망치지
않으려면 어떻게 해야 할까?

공연 전에 긴장을 풀어라

벌써 시작할 시간인가? 그래, 그런가 보다. 분명 위
장이 조여들고 창자가 배배 꼬이겠지! 긴장은 괜찮
다. 여러분이 소리를 어떻게 내야 할지에 대해 고
심하고 있다는 의미이기 때문이다. 좋은 일이기는
해도 기진맥진 만신창이가 되어 무대에 오르기를
바라지는 않을 것이다. 때로 공연에 임하기 전에
마음을 편안히 하는 루틴 routine 이 있으면 도움이
된다. 긴장을 푸는 자기만의 방법을 마련하라.

· 바깥에 나가 걷는다.
· 눈을 감고 앉아서 명상을 한다(그냥 편안한 생각을 하는
  것이다).
· 스트레칭을 하고 그 자리에서 뛴다(근육의 긴장이 풀릴
  것이다).
· 책을 읽거나 친구와 떠들고 웃는다.

무대에선
부디
침착하라

모든 것은 마음에 달렸다

두려움에서 벗어났다고 느낄 때라야 최고의 공연이 가능하다. 하지만 여러분이 무대 공포증을 겪고 있다면 어려운 주문이다. 일단 무대에서는 이 현명한 지혜를 꼭 품고 있어라.

까짓, 공연 한 번일 뿐이야 – 대부분 공연 한 번으로 뜨거나 망하지 않는다. 그러니 그 공연에 지나치게 중요성을 부여할 필요는 없다.

생각하는 것만큼 나쁘지는 않았어 – 실수한다고 해서 이 악물 것 없다. 아마 본인밖에는 모를 거다. 실수 얘기가 나왔으니 하는 말인데……

사과하지 말 것! – 무대에서 "죄송해요, 오늘 저희가 연주를 너무 못했어요." 같은 소리는 하지 마라. 그곳에 있는 모든 사람에게 여러분이 연주를 못했다는 사실을 확인시켜 줄 뿐이다.

아무도 그 공연을 녹화하지 않는다 – 라이브 공연의 제일 좋은 점은 뇌리에서 잊힌다는 사실이다. 음반과는 다르다. 그러니 무대에서 모험도 하고 마음껏 해라. 그리고 뭔가 계획대로 흘러가지 않더라도 다음 공연이 있다!

기억하라, 다음 공연을 위해! – 다음 날 동료들과 공연에 관해 이야기를 나눠라. 어떤 곡이 유난히 잘되었는가? 어떤 부분이 조금 어색했나? 믿을 만한 친구에게 물어볼 수도 있다. 모두의 의견을 반영해서 다음에는 더 좋은 공연을 만들자.

천천히 좋아질 거다

여러분의 첫 번째 공연! 생각만 해도 오금이 저려오나? 괜찮다. 박수갈채를 받는 일류 연주자들도 똑같이 느낀다.

> ❝ 메트릭 밴드가 콘서트 연주를 처음 시작했을 때 나는 매우 수줍고 떨렸어요. 자신감을 얻게 되기까지 시간이 오래 걸렸지요. 하지만 지금은 음악에서 내가 가장 좋아하는 부분이 연주입니다! 이것만 기억하세요. 사람들은 음악을 사랑하고 즐거운 시간을 보내길 원한다는 것 말이에요. 솔직해지는 걸 두려워하지 마세요. ❞
>
> —에밀리 헤인스
> 캐나다 밴드 '메트릭'의
> 보컬·키보드 연주자

최악의 상황이 일어난다 해도

여러분은 진실을 감당할 수 있다고 생각하는가? 정말? 자, 진실을 알려 주겠다. 첫 번째 공연이 될 수도 있고 백한 번째 공연이 될 수도 있는데, 언제가 되었든 여러분은 이루 말로 표현할 수 없이 끔찍한 공연을 경험하게 될 것이다. 쥐구멍이라도 찾아 들어가서 다시는 밖으로 나오고 싶지 않을 거다. 모든 게 엉망이 될 것이다. 그렇지만 세상이 끝난 건 아니다. 누구에게나 일어날 수 있는 일이다. 그 충격으로 음악을 포기하지 마라.

모두
준비됐어?

무대에 세트리스트^{setlist}가 붙어 있는 걸 알아챘는가? 세트리스트는 밴드가 그날 연주할 곡목을
적은 목록이다. 세트리스트를 제대로 작성하면 공연을 원만하게 진행하는 데 도움이 된다.
또한 밴드가 관객을 흥분시켰다 진정시켰다 하며 쥐락펴락할 수 있도록 거들기도 한다.
세트리스트를 잘 뽑기 위한 네 가지 요령이 있다.

1. 가장 잘 아는 곡으로 시작한
다. 무대에 서면 여러분도 긴
장할 테니 첫 번째 곡은 완벽
하게 알고 익숙한 곡으로 고
른다.

2. 느린 곡을 연속으로 너무 많이
넣지 않는다. 그랬다가는 관객
이 흥미를 잃게 된다(여러분 음
악이 그런 방향이면 괜찮다).

3. 최고의 곡을 마지막에 넣는다.
성공적으로 끝내라.

공연 직전
완벽 체크리스트

- ☐ 모두의 세트리스트가 무대 위에 준비되었는가?
- ☐ 앰프(확성기)와 악기 전원을 켰는가?
- ☐ 모든 볼륨이 제대로 맞춰져 있는가?
- ☐ 마이크 스탠드 높이를 키에 맞게 조정했는가?
- ☐ 모두 물병을 준비했는가? (엄청 더워진다.)
- ☐ 기타리스트는 여분의 피크를 소지했는가?
- ☐ 드러머는 여분의 드럼 스틱을 소지했는가?
- ☐ 악기 조율이 모두 완료되었는가?

4. 짧게 한다. 총 25~30분 정도 되도록 한다. 여러분 연주가 끝나기 전에 팬들이 떠나는 걸 보느니 팬들이 환호할 때 여러분이 떠나는 편이 낫다.

이 곡을 들어 보자
살아 있는 라이브!

카리스마가 넘치는 사람이 있으면 공연이 훨씬 더 좋아진다. 이 곡들의 라이브 공연을 찾아서 스튜디오 녹음 버전과 비교해 보고, 공연이 얼마나 생동감 넘치고 살아 있는지 들어 보라.

플레이밍 립스 The Flaming Lips
» **'레이스 포 더 프라이즈**Race for the Prize**' 2004년 코첼라 공연**(비디오)

미국 밴드 '플레이밍 립스'의 리드 싱어인 웨인 코인 Wayne Coyne은 거대한 투명 공 안에 들어가서 군중 위로 햄스터같이 몸을 굴렸다!

퀸Queen » **'위 아 더 챔피언스**We Are the Champions**' 1985년 라이브 에이드 공연**(비디오)

원래 환상적인 곡이지만 십만 명이나 되는 사람들이 지금은 고인이 된 프레디 머큐리Freddie Mercury가 하라는 대로 움직이는 모습을 보라. 말 그대로 장관이다.

샘 쿡 Sam Cooke » **1963년 할렘 스퀘어 클럽**Harlem Square Club **라이브 공연**

미국 가수 샘 쿡은 어린 시절 교회의 가스펠 공연에서 노래를 했다. 이 공연에서 그의 신앙심을 느낄 수 있을 것이다.

무대 준비 완료

라이브 연주는 관객에게 온전히 보이고 들리는 것이므로, 무대와 음향 장비가 필수적이다.
무대의 역할은 밴드가 잘 보이게 하는 것이다. 무대 종류는 다양하다. 육중한 원형극장부터 클럽
한쪽 구석에 놓인 조금 높은 단일 수도 있다. 크든지 작든지 무대는 대개 다음의 기본 골격을 따른다.

1 무대

무대 자체는 보통 나무나 금속으로 만들어진
단이다. 얇은 카펫이나 미끄럼 방지 덮개가
덮여 있기도 하다.

2 마이크

소리를 놓치지 않도록 마이크는 앰프와 악기
에 가능하면 가깝게 설치한다. 마이크, 앰프,
모니터 스피커가 PA 시스템을 구성한다.

3 다이렉트 박스

키보드 같은 악기들은 다이렉트 박스direct box,
DI라고 하는 작은 장치를 통해 소리가 커진
다. DI는 마이크 대신 사용되며 악기에 직접
연결한다.

4 메인 스피커

이 큰 스피커를 통해 관객들이 밴드 연주를
듣게 된다.

5 모니터 스피커

무대에 놓인 모니터 스피커를 통해 뮤지션들
이 다른 악기들의 소리를 선명하게 들을 수
있다. 보컬은 항상 모니터 스피커를 통해 들
리고 다른 어쿠스틱 악기들도 마찬가지다. 어
쿠스틱 악기와 보컬은 앰프를 사용하지 않기
때문이다. 모니터 스피커는 쐐기 모양 생김새
때문에 영어로 쐐기를 뜻하는 웨지wedge라고
도 한다.

6 사운드보드

마이크와 DI는 모두 음향 담당자가 맡는 믹
싱 보드에 연결된다. 음향 담당자는 무대 위
모든 악기들이 메인 스피커를 통해 어떻게
들리는지 통제하고 조정한다.

7 조명

거대한 전구 조명이 여러분의 얼굴을 환히
밝히는 것보다 시작을 알리는 좋은 방법이
있을까? (조명이 뜨거우니 땀 흘릴 각오 필수!)

길 위의 내 인생

비용 문제도 있고 꼼꼼히 계획을 세워야 하기 때문에 누구나
뛰어들 일은 아니지만, 연주 여행은 굉장히 즐거운 일이다.
난 왜 그렇게 여행을 좋아했을까? 줄곧 새로운 사람을 만나고,
낯선 곳을 방문하고, 가는 곳마다 새로운 팬들이 생기기
때문이었다. 가장 기억에 남는 연주 여행이 세 번 있다.
"내 볼 좀 꼬집어 봐. 이게 꿈이야 생시야!"라고 말하고픈 순간들.
기대하시라, 두두두…….

연주 여행,
그 최고의 순간들

#3 여행 시간만 스물네 시간이었다. 장거리 버스 두 번에다 비행기 네 번을 타고 이동해서 후지 록 페스티벌에서 연주하러 일본에 갔다 왔다. 한밤중에 일본에 도착해서 다음 날 아침 인터뷰를 위해 일찍 일어났다. 그러고는 오후에 1만 명의 관객 앞에서 공연을 했다. 연주를 마치고 바로 버스를 타고 도쿄 공항으로 가서 미국 로스앤젤레스로 가는 비행기를 탔다!

집에서 수천 마일 먼 곳까지 가서 제대로 잠 한 번 못 잤다. 고작 45분짜리 무대를 위한 일이었다. 물론 그럴 가치가 있었다. 관객들은 완전히 미쳐 버렸다. 우리가 무대에 오른 순간부터 박수와 환호, 비명, 노래가 그치지 않았다. 그 후에 우리는 팝스타처럼 몰려드는 군중에게 둘러싸였다. 대박!

#2 미국 시카고 해안가에 있는 그랜트 공원에서 열린 롤라팔루자 페스티벌 마지막 날 밤, 우리 밴드 순서는 끝에서 두 번째였다. 우리 앞은 구석기 시대 밴드 '퀸'(개인적으로는 좋아한다!)이었고, 우리 다음은 '레드 핫 칠리 페퍼스'(나는 이들의 초기 음반에서 드럼 치는 법을 배우며 성장했다!)였다. 스케줄이 매우 빡빡했다. 우리 연주 시간은 45분뿐이었지만 끝났을 때 관객들의 환호와 앙코르 요청이 끊이지 않았다. 관객들은 "한 곡 더!", "안 갈 거야!"를 노래처럼 연이어 외쳐 댔다. 비록 앙코르 공연을 하지는 않았지만 귀가 먹먹해지는 함성과 우리를 위한 외침이 이어진 5분은 절대 잊

을 수 없다. 세계 최고 밴드가 우리 때문에 무대를 오르지 못하고 기다렸다. 굉장했다!

#1 (이건 조금 오글거리는 이야기다!) 미국 캘리포니아 인디오에서 열린 유명한 록 페스티벌에서 공연할 때다. 그곳은 황량하고 먼지 자욱한 사막 한가운데 있는 무성하고 푸르른 오아시스였다. 내가 연주한 공연 중 가장 규모가 컸다. 나는 이틀 전에 막 서른 번째 생일을 지냈고, 내 여자친구가 축하해 주러 비행기를 타고 날아왔다.

첫 음부터 밴드 전체가 땀을 한 바가지 흘렸지만, 나에게는 섭씨 43도가 넘는 태양 때문만이 아니었다. 난 어느 때보다도 훨씬 긴장했다. 마지막 곡 직전에 마이크로 걸어가서, 1만여 관중 앞에서 여자친구에게 청혼했기 때문이다! (좋아, 다 토할 때까지 기다릴게. 다했어?) 나와 밴드에 쏠린 순간을 정말 특별한 누군가에게 마음을 바칠 기회로 바꾼 것, 그것이 최고의 이벤트였다.

CHAPTER 5

녹음에 도전하자

"이게 정말 내 목소리야?" 글쎄, 그럴 수도 있고 아닐 수도 있다.
녹음의 핵심은, 소리 나는 대로가 아니라 원하는 대로 소리를 만든다는 데 있다.

1966년 정상의 인기를 누리던 비틀스가 라이브 콘서트 연주를 그만둔 이유가 있다. 바로 녹음에 집중할 수 있었기 때문이다. 녹음 스튜디오는 호기심 어린 뮤지션들에게 놀이터나 다름없다. 스튜디오에서 뮤지션들은 새로운 사운드를 탐구하고 자기들 곡으로 신나게 실험해 볼 수 있다.

물론 프로를 위한 전문 스튜디오는 녹음 비용이 매우 비싸다. 하루에 수십만 원, 심지어 수백만 원까지 든다! 영국의 록 그룹 플리트우드 맥Fleetwood Mac부터 미국 록 음악을 대표하는 건스 앤 로지스 Guns N´Roses의 마지막 앨범까지, 음악의 역사는 더 완벽한 앨범을 위해 스튜디오에서 엄청난 돈과 시간을 쏟아부은 밴드의 이야기로 가득하다. 으악! 누가 그만한 돈과 시간을 들일 수 있지? 그렇다, 록 스타들이다.

다행히 여러분이 걱정할 일은 아니다. 녹음 기술은 오랫동안 발전해 왔다. 오늘날의 컴퓨터는 몇 가지 간단히 조정하기만 하면 여러분만의 개인 스튜디오가 될 수 있다. 여러분이 가장 좋아하는 앨범에서 듣는 것과 같은 사운드를 얻을 수는 없겠지만, 그래도 얼마나 많은 걸 할 수 있는지 놀라게 될 것이다. 이건 실험과 기회에 관한 문제다. 곡 하나를 완성해야 하는 것도 아니다. 어떤 아이디어든 시도해 봐야 한다!

녹음이란
무엇일까?

녹음은 소리를 포착해서 저장했다가
나중에 들을 수 있게 하는 것을 말한다.
친구가 휴대전화에 남긴 메시지처럼 줄곧
이것저것 녹음이 되기 때문에 여러분은
녹음이 무엇인지 잘 알고 있다.
여러분은 그 메시지의 소리에는 관심이 없다.
친구가 4시 반에 올 거라면 그걸로 그만이다.
그러나 음악은 다르다. 좋은 소리가 나야 한다.

따로 또 같이

음악 녹음이 어려운 까닭은 악기들이 모두 개성을 가지고 있기 때
문이다. 어떤 악기는 크고 깊은 소리가 나는가 하면, 조용하면서
얄은 소리가 나는 악기도 있다. 방 안에 밴드 악기를 차려 놓고 마
이크 한 개로 녹음한다면, 사람들이 꽉 찬 방에서 한꺼번에 아우성
치는 소리처럼 들릴 것이다. 그러나 뮤지션 한 사람씩 따로 녹음하
면 악기 고유의 개성에 주의를 기울일 수 있다. 또한 악기 각각의
소리를 다듬을 수 있을 뿐 아니라 밴드 전체 음향이 조화를 이룰
때까지 조정할 수 있다.

홈 레코딩을 위한 짧은 가이드

음악 녹음이 어떻게 진행되는지에 대한 간단한 입문이다.
배워야 할 내용이 산더미지만, 시작하기에 필요한 내용은
여기 다 있다!

차곡차곡 겹쳐서 얹듯이

앨범을 제작할 때 악기는 각각 별도의 채널로 녹음
된다. 이것을 트랙track이라고 한다. 각각의 트랙은
마이크가 따로 필요하다. 밴드가 한 방에서 함께
연주하면 다른 악기에서 나온 원하지 않는 사운드
가 마이크에 잡힌다. 이걸 블리드bleed라고 한다. 블
리드가 많이 섞이지 않도록 하기 위해 한 번에 하

나씩 연주한다.

여러분이 좋아하는 곡을 하나 들어 보자. 어떤 악
기 소리인지 구별할 수 있는가? 악기 하나하나를
색깔이 다른 담요라고 상상해 보라. 녹음 기술은
이 담요들을 하나씩 완벽하게 겹쳐서 얹는 것이다.
말로는 간단하지만……

1. 보통 처음에는
   드러머가 녹음한다.
   드러머의 비트가 곡의
   박자를 맞춘다.

2. 그다음은 베이스
   연주자가 드럼 비트
   위에 녹음한다.

4. 마지막으로
   리드 싱어가 노래를
   녹음한다!

3. 다음은, 기타리스트.

전문가를 위한 스튜디오

여러분이 이런 스튜디오를 사용하려면 얼마나 오래 걸릴지 모르지만, 전문가용 스튜디오의 내부 구성을 들여다보지 말란 법은 없다. 이런 스튜디오를 이용하기 위해 사람들이 여전히 엄청난 비용을 지불하는 이유가 있다. 모든 악기의 최고 사운드를 재빠르게 포착하도록 완벽하게 설계되어 있기 때문이다.
또한 많은 스튜디오에서 곡에 여러 가지 색다른 효과를 줄 수 있는 악기 및 앰프 보관소를 갖추고 있다.

1 음악이 연주되면 마이크에 잡힌다.

2 악기 가까이 놓인 마이크는 근접 마이크라고 한다.

3 룸 마이크는 멀리서 오는 소리를 잡아낸다.

4 음악은 긴 케이블을 통해 마이크에서 조정실로 들어간다.

5 조정실은 스튜디오의 조종석이다. 중요한 녹음 장비들이 여기 있다.

6 프리앰프로 가득 채워진 장치. 프리앰프는 녹음할 때 악기의 사운드를 조정하고 향상시키는 데 사용된다.

7 라이브 룸은 밴드(특히 드럼 같은 악기)가 녹음할 때 연주하는 곳이다.

8 별도의 부스는 방음이 되는 방으로, 연주자들이 함께 연주해도 좋지만 모든 악기가 따로 녹음된다.

9 서로의 악기 소리를 헤드폰을 통해 듣는다.

10 스튜디오 벽은 두껍다. 다른 방에서 오는 소리를 차단하기 위해 벽 가운데 빈 공간을 두는 경우도 많다.

11 앰프 박스는 별도의 부스나 다름없다. 차이점이 있다면 앰프가 들어갈 크기라는 점이다.

홈 레코딩

'홈 스튜디오'라는 말에는 책상 위 마이크가 딸린 컴퓨터 한 대부터 지하실에 전문가 수준으로 꾸민 스튜디오까지 다 포함된다. 오늘날 녹음 작업에서 가장 멋진 점은 시작할 때 그리 많은 것이 필요하진 않다는 것이다.

간단한 해결책

전문가 스튜디오에는 환상적인 녹음 부스와 마이크 스탠드가 여러 개씩 있다. 그러나 여러분에게는 이 모든 걸 마련할 시간도 돈도 없다. 음악은 있지만 말이다. 홈 레코딩에서 관건은 문제에 대한 간단한 해결책을 찾는 것이다. 스네어 드럼에 쓸 마

전자음악

사람들이 컴퓨터로 음악을 만든 지도 꽤 한참 되었다. 지금의 녹음 프로그램은 독일 크라프트베르크 그룹이나 레이먼드 스콧 같은 전자음악 분야 선구자들의 덕을 많이 봤다. 이들은 컴퓨터가 방정식만 푸는 게 아니라 사운드를 만들도록 프로그래밍하면 어떤 일이 생길까 알고 싶어 했다. 전자음악을 이끈 힘은 루프loop다. 루프는 계속 반복되는 소절이고 그 위로 다른 사운드를 얹는다. 컴퓨터 드럼비트나 리듬 기타 같은 것을 생각하면 이해될 것이다.

이크 스탠드가 없나? 의자 다리에 테이프로 마이크를 붙이면 된다. 앰프용 박스가 필요한가? 앰프에 두툼한 담요를 뒤집어씌우자. 프로를 위한 물품들이 좋은 소리를 얻는 데 꼭 필요한 것은 아니다.

절약 아이템 네 가지

저렴하고도 최선의 아이템으로 여러분의 홈 스튜디오를 멋지게 만들어 보자.

1 녹음 소프트웨어 - 종류가 많으며 계속 더 좋아진다.

2 슈어 SM57이나 SM58 다이나믹 마이크 - 10만 원 정도로 스튜디오에서 사용하는 것과 동일한 마이크를 구할 수 있다. 마이크는 가까이에 있는 소리를 잡아내고 보컬, 기타 앰프, 스네어 드럼에 적합하다.

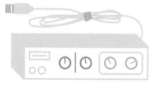

3 인터페이스 - 마이크와 컴퓨터를 연결하는 장비.

4 PZM Pressure Zone Microphone – 바운더리 마이크라고도 한다. 드럼이나 피아노처럼 큰 악기의 소리를 포착하도록 벽에 걸거나 바닥에 놓는 작은 마이크. 돈이 충분하지 못한 경우라면 PZM의 중요도가 가장 낮다.

뉴스 속보를 말씀드리겠습니다!

꼭 음악으로 녹음을 시작해야 하는 건 아니다. 소리를 잡아내는 실험을 하기 위한 대본이나 글도 다양하다.

❝ 열두 살 무렵 나는 가짜 라디오 프로그램을 친구들이랑 사촌들과 함께 시작했습니다. 우리는 음악을 선곡하고 뉴스와 일기예보도 했지요. 그리고 형편없는 고물 테이프 레코더에 녹음했어요. ❞

— 벽 65
캐나다의 뮤지션

67

녹음 기술을 익히자

녹음에 남다른 열정을 느낀다면
단순히 악기 앞에 마이크를 붙이고
녹음 버튼을 누르는 걸 넘어
뭔가 시도하고 싶어질 것이다.
무엇을 할 수 있는지 한번 살펴보자.

멋진 사운드

소리를 포착해 담아낸다는 것은 뭔가를 발견할 때까지 느긋하게
이것저것 만지작거리는 일이다. 녹음을 하는 엔지니어들은 빨래
건조대에 마이크를 붙이고 드럼으로 사용하기부터 거대한 위성
안테나에 올라앉아 음성을 녹음하기까지 무엇이든 시도해 왔다.

완벽한 장소

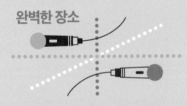

장소에 따라 마이크에 다른 소리가 잡힌다. 마이크를 들고 몇 발짝
떨어져서 악기를 녹음해 보라. 그리고 방 저쪽에 가서도 녹음해
보라. 마이크를 멀리 뗄수록 소리가 멀어지고 울림이 더해진다.

이중으로 듣기

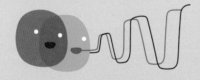

더 강력한 보컬이나 기타 사운드를 얻으려면 이중으로 녹음해 본다.
목소리나 악기를 먼저 한 트랙에 녹음한다. 그리고 정확히 똑같은
방법으로 다른 트랙에 녹음한다. 최대 효과를 거두려면 되도록
두 트랙을 똑같이 부르고 연주해야 한다.

다른 방, 다른 소리

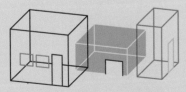

다른 방에서 녹음해 본다. 방의 모양과 표면은 소리를 완전히
바꾼다. 카펫이나 담요처럼 소리를 잘 흡수하는 표면은 소리를
붙잡아 순수한 톤만 들려준다. 타일이나 유리창처럼 반사가
잘되는 표면에서는 소리가 튀어 나간다.

하이파이 VS. 로파이

'하이파이'라는 말을 들어 봤을 것이다. 이 말은 '하이 피델리티high fidelity'를 줄인 말로 '원음을 충실히 재생한다', '최대한 좋은 소리가 나도록 한다'는 뜻이다. 대부분의 사람들이 추구하는 녹음 목표이다. 그러나 1980년대 후반과 1990년대에 많은 뮤지션들은 비싼 스튜디오를 이용할 돈이 없었으므로 4트랙 카세트 녹음기를 사용해서 집에서 앨범을 제작했다.

그 결과 앨범은 잡음이 많고 지저분했지만 그들 곡에는 잘 어울렸다. 이렇게 홈 레코딩으로 제작된 앨범을 '로파이lo-fi'라고 불렀다. 요즘에는 로파이 사운드가 단지 비용이 적게 들어서가 아니라, 그 곡에 가장 잘 맞는 사운드이기 때문에 의도적으로 사용된다.

소리의 품질은 여러분 곡이 어떻게 들리는지에 크나큰 영향을 끼친다. 그러나 '최고의 품질'이 항상 최선은 아니다. 어떤 뮤지션은 하이파이와 로파이 사운드를 섞기도 한다.

가이디드 바이 보이시스 Guided by Voices
》'스머더드 인 허그스 Smothered in Hugs'
하이파이가 아예 없다. 깨끗하지 않고 지저분한 사운드로 인해 곡의 좋은 멜로디가 질척하고 끈적이게 들린다. 마치 꿀이나 시럽처럼!

콜드플레이Coldplay 》**'비바 라 비다**Viva La Vida'
어떤 밴드도 콜드플레이보다 더 선명하고 깨끗할 수는 없다. 이들은 가장 최신 기술을 사용해서 노래의 화음과 멜로디를 빠짐없이 충실하고 정확하게 울린다.

M.I.A. 》'페이퍼 플레인스 Paper Planes'
이 트랙의 싸구려 같은 샘플들을 처음 들으면 여러분은 이들이 간명하지만 효과적인 베이스라인과 비트에서 정말 뛰어나다고 느낄 것이다. 극적인 캄보(작은 악단)가 여러분을 순식간에 사로잡는다.

CHAPTER 6

전 세계에 울려 퍼지도록!

포스터를 내다 걸었던가? 아, 이런! 웹 사이트는 업데이트 했어?
티셔츠 고르는 거 잊지 않았지? 디자인이 아직 확정되지 않았다니 무슨 소리야?
그거, 내가 하기로 되어 있었다고?

밴드는 음악을 알리는 데 큰 압박감을 느껴서 쉽게 잊곤 하지만, 포스터나 티셔츠, 앨범 커버 같은 물품을 제작하는 일 또한 무척 중요하고 재미있는 작업이다. 이 모두가 예술이고, 음악 자체만큼이나 만들기에 즐겁고 기쁜 것이다. 누군가 여러분 밴드의 티셔츠를 입고 거리를 활보한다면? 그 또한 멋진 일이다!

여러분은 밴드를 홍보하기 위해 무엇이든 할 수 있다. 독창적일수록 좋다. 뮤지션들은 비디오와 웹 사이트부터 핸드백이나 속옷까지 온갖 것을 만들어서 이름을 알리려고 한다. 슈퍼 퍼리 애니멀스 Super Furry Animals라는 영국 웨일스 밴드는 심지어 탱크를 사서 파랗게 칠한 다음 그걸 몰고 자기 음악을 요란하게 울리며 음악 페스티벌에 등장했다! 황당하지 않은가? 그러니까 나쁜 아이디어는 없다는 소리다.

아마 여러분은 탱크 살 돈은 없을 거다. 하지만 약간의 창의성에다 친구들의 도움을 조금 받아서 입소문을 낼 수는 있다. 투지가 불타오르는가? 사람들 입에 오르내리도록 만들어 보자!

이미지가 중요하다

미술은 음악의 모든 영역에 사용된다. 밴드 이미지를 좌우한다. 여러분의 음악이 격렬하고도 장난스럽든, 어둡고 진지하든 간에 이미지는 팬들에게 여러분에 대해 많은 걸 말해 준다.

내 이름 알죠?

로고(밴드 이름을 쓰는 방식)만큼 밴드의 이미지를 잘 말해 주는 게 있을까. 펑크, 메탈, 힙합 밴드는 쉽게 알아볼 수 있는 로고를 쓰기로 유명하다. 밴드의 음악이 유쾌하든 진중하든, 무엇보다도 로고는 여러분의 사운드에 힘을 실어 줘야 한다.

앨범 커버가 중요할까?

많은 사람들이 디지털 음원을 구매한다고 해서 앨범 커버가 중요하지 않은 건 아니다. 환상적인 커버는 음악 듣는 경험을 완성한다. 커버 디자인이

고민될 때는 여러분의 음악이 어떤 모습으로 '보이고' 싶은지 생각해 보라. 파란색인가, 초록색인가? 동물인가, 큰 빌딩인가? 조금 이상할 수도 있겠지만 이렇게 하면 여러분 음악에 맞는 이미지를 떠올리는 데 실제로 도움이 된다.

영감 얻기

커버에 대한 아이디어가 잘 떠오르지 않으면 여러분이 좋아하는 다른 것을 한번 살펴보자. 앨범 커버만이 아니라 잡지든 시리얼 상자든 무엇이라도 좋다. 그림과 글자가 어떻게 배치되어 있는지 자세히 살펴보자. 작은 책 한 권처럼 보이게 디자인한 앨범들이 많다. 저자 이름처럼 밴드의 이름을 넣거나 차례를 넣듯이 곡 목록을 넣을 것이다. 마치 "이건 그저 노래가 아니라 작은 이야기이기도 하다."고 말하는 것처럼.

완벽한 포스터

로큰롤이야말로 포스터 만들기에 안성맞춤이다. 사실 많은 미술가들이 공연 포스터 디자인으로 명성을 얻었다. 멋진 포스터를 만드는 두 가지 방법이 있다.

공연하는 밴드의 이름을 아주 크게 쓴다.

궁금증을 유발해서 사람들이 가까이 들여다보도록, 창의적으로 만든다.

팬들은 공연이 끝난 후에 포스터를 떼어서 자기 방에 붙이기도 한다.

멋있는 커버 하나

모든 커버는 좋은 이미지 하나에서 시작한다. 비록 그 '이미지'가 엄청나게 크게 쓴 글자들에 지나지 않는다 해도 말이다. 그런데 그 이미지를 위한 아이디어는 어디에서 나올까?

" 뮤지션과 밴드들은 전부 다르다. 그러니 앨범도 모두 다르다. 따라서 훌륭한 커버를 만드는 공식이란 없다. 음악과 어울리는 콘셉트를 찾고 일관성을 유지하라. 또 질문을 많이 던져라. "

— 루이즈 어퍼턴
앨범 커버 디자이너

너한테 잘 어울려

옷도 우리에 관해 뭔가 말해 준다. 그래서 밴드 티셔츠가 입소문에 적합한 것이다. 여러분도 이미 이 사실을 알고 있다. 좋아하는 만화 주인공, 배우, 운동선수, 록 스타가 그려진 티셔츠를 입어 봤을 테니 말이다. 무늬 없는 티셔츠와 몇 가지 도구만 있으면 여러분도 밴드 로고가 그려진 티셔츠를 만들 수 있다!

필요한 것 :
· 무늬 없는 티셔츠(아무 색이나 좋다)
· 두꺼운 도화지 몇 장
· 종이
· 티셔츠에 그릴 수 있는 섬유용 물감(원하는 색으로 고른다)
· 펜이나 연필
· 가위, 칼

스텐실 티셔츠

인디 밴드들은 거의 전문가에게 맡겨서 실크스크린이라고 부르는 과정을 거쳐 티셔츠를 만든다. 집에서 실크스크린을 할 수도 있지만 약간 복잡하고 특수 화학제품이 필요하다. 이 문제를 해결하는 방법으로 섬유용 물감을 이용해서 홈메이드 스텐실을 할 수 있다. 물감도 저렴하고 스텐실 만들기도 쉽다.

1단계

마음에 드는 모양이 나올 때까지 종이에 도안을 스케치한다. 디자인이 너무 복잡하지 않도록 정리한다.

2단계

완성된 도안을 두꺼운 도화지에 그리고 잘라 낸다. 이것이 티셔츠 스텐실이다.

3단계

탁자에 티셔츠를 놓고 테이프를 사방에 붙여 움직이지 않도록 고정한다. 도안이 찍힐 위치를 정하고 티셔츠 위에 스텐실을 올려놓는다.

4단계

스텐실 도안 안쪽 옷감에 물감을 칠한다. 구석까지 확실히 잘 칠해야 하니 물감이 완전히 덮이도록 꼼꼼히 채운다.

5단계

스텐실을 떼어 낸다. 물감이 번지지 않게 조심한다. 티셔츠를 평평하게 펴고 말린다.

 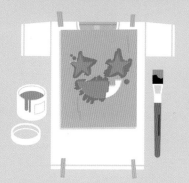 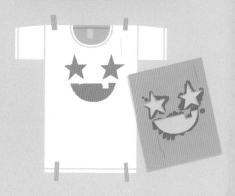

6단계

요령을 하나 알려 주자면, 티셔츠가 다 마른 후에 다른 스텐실과 다른 색 물감으로 3단계부터 5단계까지 반복하는 것이다. 이렇게 하면 겹치고 층이 생기는 디자인이 된다.

7단계

만들고 싶은 만큼 여러 번 반복한다!

잠깐! : 각각의 스텐실을 칠할 때 순서가 중요하다! 무슨 색깔이든 바닥에 깔릴 색을 맨 먼저 칠해야 한다. 디자인이 복잡하면 빈 종이에 먼저 스텐실을 시험해 보자. 일단 옷에 하고 나면 돌이킬 수 없으니까.

네트워크 연결!

예전에는 광고에 막대한 돈을 쓸 수 있는 대형 음반사에서나 홍보를 할 수 있었다. 그러고 나면 밴드가 음반 판매 수익으로 돈을 메워야 했다. 고맙게도 지금은 돈 한 푼 안 들이고 할 수 있는 홍보가 많다. 웹 사이트는 가장 이용하기 쉬우면서도 많은 사람들에게 다가갈 수 있는 홍보 방식이다. 세계적으로 유명한 밴드부터 이제 막 태어난 밴드까지 누구나 웹 사이트를 이용할 수 있다.

고 당연히 기대한다. 이건 여러분의 첫 공연만큼이나 중요하다. 많은 밴드가 자기네 고유의 웹 주소나 도메인을 가지고 있지만, 도메인을 하나 만들려면 비용이 든다. 그러나 요즘은 가장 영향력 있는 음악 웹 사이트들이 무료로 음악을 조금씩 들려주고 있어서 고민할 필요가 없다.

모든 걸 담을 수 있다

웹 사이트가 왜 좋은지 군이 설명할 필요는 없겠지만 한마디로 하자면, 웹 사이트에는 모든 것이 담긴다. 사진, 공연 날짜, 소식, 블로그……, 물론 음악도 담을 수 있다. 웹 사이트의 기능도 기능이지만 사람들은 여러분 밴드의 웹 사이트가 있을 거라

속도 무제한

인터넷은 정말이지 빨리 움직인다. 어느 정보든 이번 주에는 뜨거운 감자였다가 다음 주면 싸늘하게 식은 돌멩이가 될 수도 있다. 인기 있는 무료 웹 네트워크 어디든 여러분이 소문 낼 수 있게 도와줄 것이다. 놓치지 않고 따라잡아야 한다!

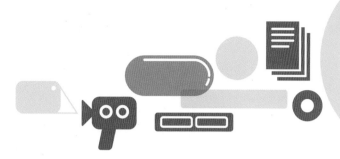

어떤 음악을 올릴까?

사람들에게 여러분의 음악을 즉시 들려준다는 것이 무료 사이트의 최대 장점이다. 그러니 여러분의 페이지를 개설하기 전에 녹음을 먼저 하는 게 좋다. 음악을 읽는 것과 듣는 것, 어느 쪽이 더 이해하기 쉽겠는가? 딩동댕, 여러분 생각이 정답!

자주 올려라

웹 페이지는 사용하기 쉬운 것이 좋다. 여러분이 게시물을 아주 많이 올려야 하니 말이다. 그룹 관련 내용을 최소 일주일에 한 번은 올린다. 새로 찍은 사진, 연습 장면을 담은 짧은 동영상, 만들고 있는 곡에 대한 정보 같은 내용들이다. 팬들은 자주 들를 테고 정보 하나 놓치지 않을 것이다. 그리고 여러분이 거리낌 없이 말을 잘하는 사람이라면, 자기만의 블로그를 시작하고 싶을지도 모르겠다.

안전하게 이용하라

웹은 환상적인 도구지만 심지어 성인에게도 위험한 것이 많다. 누군가가 여러분에게 음악을 홍보해 준다거나 공연을 성사시키도록 도와주겠다는 메시지를 보낼 수도 있다. 웹 사이트를 통해 알게 된 사람이 만나자고 하거나 개인 정보를 하나라도 요구하면 절대 응하지 말아야 한다.

매력적인 광고

뮤직비디오 제작은 비용이 많이 든다. 밴드가 짧은 비디오 하나 만들려고 앨범 전체에 들인 비용의 세 배를 쓰는 일도 흔하다! 그뿐만 아니라 TV 방송 시간에 맞춰 노래가 짧게 편집되는 일도 비일비재할 것이다. 그리고 요즘엔 음악 채널에서도 뮤직비디오를 내보내는 횟수가 줄고 있다. 그런데 대체 왜 비디오를 만들려고 할까?

여러분이 좋아하는 대로

처음 시작할 때는 비디오가 밴드를 위한 일종의 광고가 되며, 새로운 팬에게 다가가기 쉽게 해 줄 수 있다. 비디오는 TV에서도 방송되지만 인터넷 어디서든 볼 수 있으며 DVD로도 만들어진다. 사람들이 좋아하는 밴드를 언제라도 볼 수 있다는 말이다. 그리고 많은 뮤지션이 비디오를 음악과 다름없는 예술 작품으로 여긴다는 것을 잊지 말자. 비디오가 있으면 밴드는 더는 TV 방송에 나오는 문제로 염려할 필요가 없다. 그래서 만들고 싶은 비디오를 제작하는 것이다.

이렇게 만들어 드리죠

전문가가 만드는 비디오는 구성안이라고 하는 제안서를 쓰면서 시작한다. 감독은 노래를 듣고 비디오를 위한 자세한 계획을 적는다. 밴드나 음반사가

그것을 읽어 보고 좋으면 제작을 시작한다. 대개 공연 장면을 담은 비디오가 많다. 무대 위는 물론이고 창고, 해변, 거리, 숲 등 특정한 장소에서 공연하는 모습이다. 공연 모습도 좋지만 정말 흥미로운 비디오는 곡에다 독특한 스토리를 섞은 것이다.

항상 문자 그대로는 아니다

뮤직비디오가 크게 히트를 치는 데에는 감독이 곡을 해석할 때 문자 그대로 하지 않는 방식이 더러 있다. 문자 그대로의 해석은 가사가 말하는 것을 정확히 이미지로 보여 주는 것을 의미한다. 노래에

서 "수지가 잠에서 깨어 차를 끓이고 신문을 훑어
본 후 가족에게 전화를 하네."라는 가사가 있으면,
여배우가 수지가 되어 차를 끓이고 신문을 읽고 부
모님에게 전화하는 모습을 보여 준다. 그러나 상상
력이 뛰어난 감독은 가사가 말하는 대로가 아니라
그 음악이 어떻게 들리는지를 바탕으로 이야기를
구성한다. 예를 들어 이 노래가 정말 에너지가 넘
친다면 수지가 빠른 우주선을 타고 날아가면서 차
를 마시는 거다. 재미있으니까!

액션!

감독은 쇼트^{shot}라고 하는 짧은 분절을 많이 촬영
한다. 쇼트 하나는 몇 초 정도일 거다. 그러나 감독
은 가장 좋은 화면을 만들기 위해 특정 장면을 수
도 없이 반복해서 촬영하자고 요구한다. 촬영이 끝
나면 감독은 촬영된 분량을 모두 보면서 제일 잘된
것을 골라 비디오로 제작한다.

커트

뮤직비디오는 커트^{cut}가 특히 많다. 커트는 비디오
가 한 쇼트에서 다른 쇼트로 넘어가는 지점을 말한
다. 드럼 치는 장면이 1초 나오고 바로 급강하하는
독수리가 나온다든지 하는 것이다. 커트가 많으면
감독이 이 사람에서 저 사람으로 또는 이 내용에서
저 내용으로 빠르게 넘나들 수 있다. 대개 각 커트
는 드럼을 칠 때와 같이 음악 타이밍에 맞춰 넘어
간다.

경험이 반드시
필요한 건 아니다

훌륭한 뮤직비디오가 꼭 일류 감독 손에서만
탄생하는 건 아니다. 다른 분야의 사람들도 만들 수
있다. 뮤지션이 독학으로 보고 배워서 감독의 역할을
하게 된 예도 있다.

❝디지털 카메라가 있으니 여러분은 큰돈 들일
필요가 없습니다. 좋은 아이디어, 친구들, 조명이
조금 필요할 뿐이지요. 미국의 스파이크 존즈 같은
영화 제작자들은 팻보이 슬림^{Fatboy Slim}의 '프레이즈
유^{Praise You}' 같은 비디오로 매우 쉬우면서도 창의적인
기준을 세웠습니다.❞

— 케빈 드루
'브로큰 소셜 신'의 가수·기타리스트

크리스토퍼 밀스의
비디오 만들기 가이드

다음은 캐나다의 프로 비디오 감독 크리스토퍼 밀스^{Christopher Mills}가 알려 주는 비디오 만들기 가이드이다. 그는 일반 디지털 비디오카메라를 사용하여 아이디어를 스크린에 어떻게 옮기는지 보여 준다. 밀스는 미국의 록 밴드 모디스트 마우스^{Modest Mouse}의 '플로트 온^{Float On}'으로 MTV 어워드에 후보로 올랐던 감독이다.

흥미롭게 촬영하는 법을 배운다

모든 것을 찍어라! 스틸 카메라, 비디오카메라, 스케치북, 또는 여러분의 상상력만이라도 들고 시간을 보내라. 그리고 눈에 들어온 모든 것을 흥미롭게 보이도록 만들 방법을 모색하라.

시각적인 아이디어를 결합한다

여러분이 촬영할 때 괜찮아 보이는 것을 결정하라. 누군가 기타를 풍차처럼 휘휘 돌릴 때 정말 멋있어 보인다는 걸 여러분은 알고 있다. 이제 카메라를 켜서 렌즈에 그 모습이 어떻게 옮겨지는가를 이해해라. 예를 들어 이런 식이다. "내가 카메라를 아래쪽에 두고 내 친구를 올려다보는데 친구 뒤로 하늘에 구름이 떠 있으면서 어디선가 돌풍이 불어오는 순간 친구가 기타로 풍차 돌리기를 할 때! 정말 끝내주게 멋져."

노래에 꼭 맞는 이미지를 상상한다

큰 드럼 비트 소리를 들으면서 여러분은 쿵쿵거리며 걸어가는 코끼리를 떠올릴 수도 있다. 이 아이디어를 여러분이 친구들과 함께 할 수 있는 방법으로 어떻게 전환하면 좋을지 풀어 보아라. 친구들에게 코끼리 분장을 시킨다거나……

노래와 영상을 딱 맞게 합치기

뮤지션들이 연주하는 장면의 비디오와 음악을 딱 맞게 합치려면, 촬영하는 동안 밴드가 실제로 그 곡을 연주하도록 한다. 그런 다음 감독이 스튜디오로 돌아와서 촬영한 화면을 앨범의 고품질 사운드와 매치한다. 모든 것이 딱 맞으면 필름에서 나오는 소리를 끈다. 노래와 필름이 완벽하게 결합된다.

이미지를 택하고 대본을 짠다

종이 한쪽에는 노래 가사를 적고 다른 쪽에는 노래 부분에 해당하는 장면을 글로 적거나 그림으로 그린다. 일단 어떤 부분에 어떤 장면을 넣을지 배치하고 나면 여러분이 해야 할 일을 알게 된다. "좋아, 이 부분에는 코끼리가 한 마리 필요하겠군!"

이 곡을 들어 보자
별난 호기심

목록이야 한도 끝도 없겠지만, 여기 소개한 비디오들은 카메라와 좋은 노래 한 곡 그리고 열린 마음이 있으면 무엇을 할 수 있는지 보여 주는 좋은 사례이다.

비요크Björk 》 **'휴먼 비헤이비어**Human Behaviour'

프랑스의 미셸 공드리Michel Gondry 감독은 익살스러운 괴짜 비디오 천재다. 그리고 아이슬란드의 싱어송라이터 비요크는 감독이 자기의 최고 작품을 제작하도록 영감을 주었다. 비요크와 테디베어의 환상적인 숲 속 여행은 비디오 중에 단연 최고다.

시네이드 오코너 Sinead O'Connor
》 **'나싱 컴페어스 투 유**Nothing Compares to You'

조금 오래된 비디오지만 정말 좋은 퍼포먼스(타이밍이 기막힌 눈물) 하나가 별별 효과를 다 동원한 것만큼 좋을 수 있다는 것을 보여 준다.

오케이 고OK Go
》 **'히어 잇 고즈 어겐**Here it Goes Again'

이 특이한 비디오는 뮤직비디오가 밴드 하나를 얼마나 빨리 유명하게 만들 수 있는지를 여실히 보여 주는 사례다. 러닝머신 위에 있는 밴드 친구들이 정말 독특하다!

블러Blur 》 **'커피 앤 티브이**Coffee & TV'

비디오 줄거리와 노래는 별로 관계가 없긴 한데, 길 잃은 우유팩은 정말 사랑스럽다. 여러분도 보면 이 비디오를 좋아하지 않을 수 없을 거다.

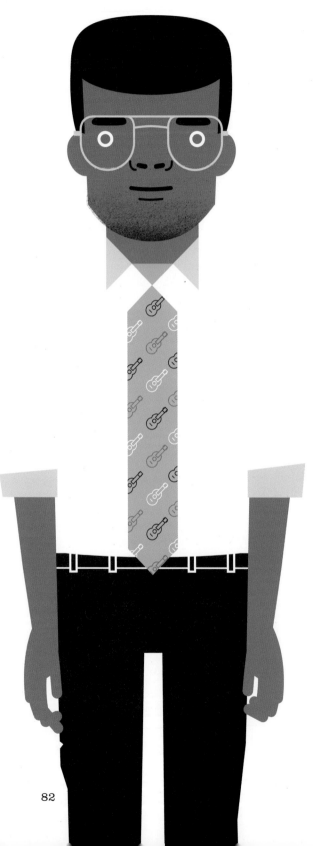

일과
즐거움의
조화

"나는 음악을 사랑한다. 하지만 무대를
즐기지는 않는다."

어딘가 친숙하게 들리지 않나? 여러분이 음악에
푹 빠져 있다면 뮤지션이 되지 않고도 음악과 관련
된 일을 할 수 있는 길이 많다. 많은 사람들이 매니
저로, 클럽 주인으로, 음반사 홍보 담당자로 일한
다. 사실 대중에게 훌륭한 음악을 전하는 데는 이
런 사람들이 정말 중요하다. 이 일에서 중요한 역
할을 맡는 선수들을 소개한다.

출연 계약 담당자 – 뮤지션들을 위해 연주 투어를
조직한다. 자기 지역에 밴드를 데려오도록 돕는 현
지 기획자와 함께 일한다.

매니저 – 연주 여행 스케줄부터 서류 작업까지 밴
드의 상세 일정과 할 일 등을 준비하고 조직하도록
돕는다.

프로듀서 – 최고의 사운드를 가진 앨범을 제작하
기 위해 녹음 작업 동안 뮤지션과 함께 일한다.

음반사 대표 – 뮤지션들이 창작하고 음반을 출시
및 배포하며 홍보하는 것을 돕는다.

음악 산업에 종사하게 된다면 여러분은 연주자나 가수만큼 팬을 얻을 수는 없을 것이다. 그러나 훌륭한 뮤지션들이 여러분의 도움이 필요하다는 걸 알고 있다는 사실, 거기에 즐거움이 있다!

66 나는 학교 복도에서 직접 제작한 카세트테이프와 CD를 나눠 주면서 친구들을 새로운 밴드에 관심 갖도록 만드는 아이였다. 지금 나는 기본적으로 같은 일을 한다. 다른 점은 밴드들이 내 회사에 속해 있고 돈을 받으면서 소문을 낸다는 것뿐이다. **99**

—조엘 카리에르
캐나다의 밴드 매니저·음반 회사 대표

커뮤니티를 만들면 사람들이 온다

TV에 출연하거나 '발견'되어 크게 성공한 사람들이 있다. 그러나 음악 산업에는 성공으로 가는 길이 하나만 있는 게 아니다. 둘러보면 작은 음악 커뮤니티도 많다. 여러분이 스스로 커뮤니티를 만들 수도 있다. 이런 그룹들을 '독립적'이란 뜻의 영어 '인디펜던트independent'를 줄여서 '인디'라고 부른다. '인디'라고 할 때는 뮤지션에만 국한된 것이 아니라 음반 가게, 악기점, 음반사 등도 포함된다. 그들은 모두 음악 커뮤니티를 만들고 또 거기에 속해 있다. 간단히 말해서 '인디'가 된다는 건 여러분이 뮤지션, 클럽, 음반 회사, 음반 가게 등에 우호적이고 이득이 되면, 그들도 여러분을 도울 거라는 뜻이다. 그리고 여러분이 뮤지션으로서 길을 찾고자 할 때 강력한 커뮤니티가 큰 도움이 된다.

음악이여, 기다려 다오!

지금까지 뮤지션으로서 내가 배워 온 것의 기초를 이야기했다. 아니, 거의 대부분을 이야기했다. 나는 지금도 배우는 중이다. 예전에 나는 학교에서 어느 정도 음악 전문가로 알려졌고, 그 역할을 충실히 수행했다. 나는 내가 가진 재능을 알았으며, 한 번만 듣고도 좋은 밴드와 형편없는 밴드를 구별할 수 있었다. 아니, 구별할 수 있다고 생각했다. 그러나 2년 후에 당시 형편없다고 생각했던 밴드들의 음악을 다시 들었다. 그리고 왜 내가 처음에는 그 밴드들을 좋아하지 않았을까 의아했다. 그런 일이 몇 번 있고서야 나는 음악이 나를 기다려 주고 있다는 걸 깨닫게 되었다. 내가 음악을 따라잡을 수 있도록 말이다. 지금도 여전히 그렇다. 심지어 음악이 나에게 무슨 이야기를 들려주려고 하는지 내가 얼른 알아내지 못할 때조차 말이다. 그것이 내가 지금도 새로운 선율을 발견하길 고대하는 이유다. 또한 다른 사람들이 음악을 통해 말하고자 하는 것을 들을 때마다 내가 놀라게 되는 이유이기도 하다. 누가 알겠는가, 내 귀에 들려오는 다음 번 위대한 곡이 여러분에게서 나올지!

밴드 노트
여러분의 비밀 파일

드럼이며 피아노며 트럼펫이며 여러분의 목소리까지, 모든 악기에는 고유한 무언가가 있어서 뮤지션에게 손을 내민다. 하지만 연주의 진정한 비결은 악기 속에서 여러분 자신의 일부를 찾는 것이다.

악기 하나하나에는 여러분이 그저 또 한 사람의 뮤지션에 그치지 않게 해 줄, 비밀스러운 스타일들이 담겨 있다. (미처 발견되지 못한 것도 아직 있을 것이다.) 이것은 여러분으로 하여금 음악을 통해 자신에게 가장 중요한 것을 말하도록 해 준다. 여러분이 악기를 들고 할 수 있는 것 중에서 가장 재미있고 의미 있는 일이다!

· 앰프   · 금관악기
· 베이스   · 키보드
· 드럼   · 현악기
· 전자 장비   · 보컬
· 기타

앰프&효과
깨지지 않았다면, 깨뜨려라!

악기는 크게 두 가지 유형으로 나뉜다. 관악기, 현악기, 드럼, 피아노와 같이 자체로 소리가 들리는 어쿠스틱 악기가 있고, 전자기타, 베이스, 키보드처럼 소리를 듣기 위해 앰프가 필요한 전자 악기가 있다. 앰프는 앰플리파이어amplifier, 즉 증폭기로서 밴드 사운드에서 악기만큼 중요한 부분을 차지한다. 그런데 만일 내가 여러분에게 앰프를 사용하는 최선의 방법이 그걸 깨뜨리는 거라고 말한다면……?

앰프 길들이기

앰프에는 대부분 두 가지 볼륨 조절기가 있다. 게인gain 볼륨과 마스터master 볼륨이다. 게인은 얼마나 많은 소리가 악기에서 앰프로 들어가는가를 조절한다. 마스터는 앰프 자체의 사운드 레벨이다. 그럼 어떻게 앰프를 '깨뜨릴까?' 앰프가 깨진다는 것은 앰프를 켰을 때 사운드가 거칠어지는 것을 말한다. 기술적으로 볼 때, 이러한 왜곡은 순수하고 깨끗한 톤을 공급하기 위한 앰프 회로에 비해 사운드 볼륨이 지나치게 큰 경우다. 특히 기타리스트들이 이런 사운드를 사랑한다.

이렇게 해 보자 : 게인은 낮추고 마스터를 아주 높여도 깨끗한 톤을 얻을 수 있다. 이제 게인을 세게 돌리면 소리가 깨지기 시작한다. 볼륨 조절기를 돌리고 놀면서 얻을 수 있는 모든 소리를 탐색해 보자.

긍정적인 피드백

피드백은 앰프 볼륨을 크게 돌릴 때 나는 울부짖음 같은 소리다. 보컬 마이크에서 피드백이 날 때는 날카롭고 짜증난다. 조회 시간에 교장 선생님이 훈화할 때 들리는 우우웅- 소리로 잘 알고 있을 것이다. 그러나 기타에서 이 소리는 거칠고 요란해서 단연 최고다.

이렇게 해 보자 : 앰프를 7 정도로 올리고 몇 발자국 떨어져서 앰프를 마주 본다. 낮은 하울링이 생기고 소리가 커지기 시작한다. 그 현상이 너무 빠르거나 느리게 일어나면 앰프와의 거리나 볼륨을 조정한다. 피드백이 생기면, 움직이거나 몸을 돌리거나 기타를 흔들어서 사운드가 어떻게 변화하는지 들어 보자.

베이스
주목받지 못하는 영웅

베이스를 두고 흔히 하는 거짓말은 이 악기가 쉽다는 말이다. 줄이 고작 네 개에 코드도 없으니 연주법을 이해하기는 간단한 편이지만, 베이스를 밴드에 맞출 수 있느냐는 완전히 다른 문제다. 베이스는 곡을 여러 가지 방식으로 통제하는 악기다.

전문가의 조언 #1 : 베이스 연주자로서 여러분이 할 일은 다른 악기들을 위해 숨 쉴 공간을 충분히 남겨 주는 것이다. 레게 밴드라면 모를까, 소리가 제일 큰 악기가 되려고 하지 마라. 그 점에서 당당하고 단호해라.

전문가의 조언 #2 : 기타 끈을 너무 낮게 걸지 마라. 그러다가 결국 다친다. 기타 줄에 손이 닿지 않으면 잘 칠 수가 없다. 여러분이 미국의 펑크 밴드 '레이먼스'의 베이스 주자 디 디 레이먼Dee Dee Ramone이 아닌 이상!

— **브렌던 캐닝**
'브로큰 소셜 신'의 멤버

느낄 수 있나?

이렇게 상상해 보자. 기타, 트럼펫, 목소리 같은 높은 음들은 여러분의 귀를 직접 때린다. 그러나 베이스 기타의 낮은 음은 들린다기보다 '느껴진다'. 베이스는 우리의 발과 본능적 직감에 직통으로 연결된 것 같다. 인식하지도 못한 가운데 여러분은 노래에서 들리는 베이스 소리를 따라 움직일 것이다. 마치 코브라가 뱀을 부리는 사람을 따라 춤 추듯이 말이다.

전문가의 조언 : 기타 목 위아래로 손이 잘 미끄러지도록 베이비파우더를 사용하라. 나는 연주 때 낮은 E줄을 쓰는데, 더운 무대 위에서는 베이비파우더가 유일한 방법이다!

— **멜리사 아우프 데어 마우어**
캐나다 밴드 '아우프 데어 마우어'의 베이스 기타 연주자 · 가수
(전 '스매싱 펌킨스' · '홀'의 멤버)

드럼
끝없이 이어지는 파라디들

드러머는 파라디들 paradiddle 을 연습하면서 조정력과 균형을 기른다. 드럼을 배우는 학생 대부분이 제일 먼저 익히는 연습이다. 수십여 개의 패턴이 있지만 대부분 드럼 한 개로 연주한다. 연습이 지루한 만큼 좋은 결실을 맺을 것이다.

> **이렇게 해 보자 :** 정말 기초적인 파라디들은 이런 식이다. LRLRLLRLRLRR. 'L'은 왼손이고 'R'는 오른손이다. 한번 해 보자.

다르게 생각하라

모든 악기에는 파라디들에 해당하는 버전이 있다. 피아노, 기타, 현악기, 관악기 등에서는 스케일 scale, 즉 음계를 익혀야 한다. 이런 연습은 반복적이고 지루하지만, 우리 손발과 목소리를 훈련시켜 나중에 훌륭한 연주를 할 수 있게 해 준다. 기억하라. 한 가지 방식의 지루한 연습이 끝나면 여러분이 좋아하는 테크닉을 실험해 볼 수 있다.

> **전문가의 조언 #1 :** 드럼 윗면과 아랫면에 접착테이프를 붙여서 듣기 싫은 울림을 제거할 수 있다.
>
> **전문가의 조언 #2 :** 스네어 snare 드럼과 의자를 조정해서 스네어 드럼을 칠 때 손이 다리에 닿지 않도록 해야 한다. 나중에 강하고 빠른 곡을 연주할 때 불편하지 않기 위해서이다.
>
> **— 저스틴 페로프**
> '브로큰 소셜 산'의 드러머

> **이렇게 해 보자 :** 드럼 한 개에서만 파라디들을 하지 말고 하이해트 hi-hats, 스네어 드럼, 톰 toms 을 오가면서 연주해 보자. 이렇게 하면 평범한 록이나 왈츠 등에서 흔히 사용하는 비트와는 다른 스타일로 쳐 볼 수 있다.

전자 장비
노래 뒤에 깔리는 루프!

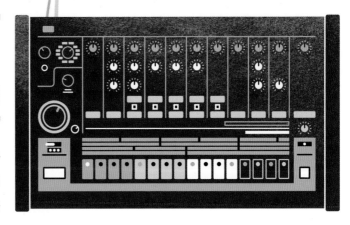

아이디어를 생산해서 곡으로 바꿀 사람이 필요하다는 면에서 컴퓨터는 일반 악기와 비슷하다. 그러나 컴퓨터는 다른 악기에서 불가능한 일을 할 수 있게 해 준다. 컴퓨터가 할 수 있는 가장 간단하고도 아름다운 일에는 루프loop가 있다. 루프는 정해진 일련의 소리가 계속 반복되는 것이다.

뱅글뱅글 돌고 돌아

루프는 오늘날 힙합, 댄스 음악, 팝송, 실험 음악 등 어디서나 발견된다. 여러분은 루프를 사용해서 박자를 유지하거나 노래에 흥미로운 바탕 질감(분위기)을 더할 수 있다. 바탕 질감이란 표현을 쓴 건 마치 그림의 바탕처럼 루프가 노래 '뒤에' 깔려 있다는 걸 멋지게 말한 것뿐이다.

이렇게 해 보자 : 노래하는 목소리나 부드럽게 퉁기는 바이올린 소리 수백 개로 이루어진 루프를 사용해서 여러분 곡에 분위기를 더해 보자.

쌓고 또 쌓고

루프는 온전히 실험이고 재미다. 새가 지저귀는 소리나 누군가의 말소리 등 몇 가지 소리를 녹음해서 루프를 만들어 보자. 그리고 그 위에 더 많은 층을 녹음해서 독특한 일련의 소리를 만들어 낼 수 있다. 소리의 층이 함께 모일 때 비음악적인 소리도 음악적으로 들리기 시작한다!

전문가의 조언 : 존재하는 모든 것을 악기로 보자. 나는 장난감 악기와 판지 상자를 노래에 사용했다. 또 바닥에서 튀어 오르는 농구공 소리까지 베이스 드럼으로 사용했다.

— **벅 65**
캐나다의 뮤지션

기타
튜닝의 대명사

기타는 어디에서든 정말 자주 사용되어 새로울 것이 없는 악기다. 왜 그렇게 흔할까? 배우기 쉽기 때문이다. 손가락으로 누를 곳을 표시해 주는 기타 프렛 덕분이다. 그러나 사람들이 기타를 사랑하는 이유는 기타로 무엇이든 할 수 있기 때문이다. 밝고 섬세한 연주를 하다가 바로 다음 순간 그토록 맹렬하고 육중해지는 악기가 또 있을까? 다른 앰프나 기타 페달을 사용하여 사운드를 바꾸는 방법도 많지만 튜닝을 변경하는 방법도 있다. 이 방법은 널리 활용되지 않는 편이다.

다른 목소리

대부분의 기타는 스탠더드 튜닝이라 부르는 상태로 맞춰져 있다. 낮은 줄부터 높은 줄이 E A D G B E음으로 조율되어 있는 상태다. 그러나 기타 튜닝을 다르게 하면 새로운 발성 또는 코드를 '말하는' 방법을 얻을 수 있다. 여러분이 말할 때 다른 사람의 억양으로 목소리가 나온다고 상상해 보라. 기타에서 목소리를 바꾸면 갑자기 사투리를 쓰는 것처럼 들린다! 꼭 그렇지는 않더라도 여러분은 아이디어를 얻는다. 기억하라. 여러분에게 맞는 소리가 나기만 한다면, 그것만으로 된 거다.

이렇게 해 보자 : 반음씩 내려가기 - Eb, Ab, Db, Gb, Bb, Eb
E음 줄을 Eb음으로 맞추고 다른 줄도 맞춘다. 이러면 한층 무거워진 소리가 날 것이다.

이렇게 해 보자 : D로 낮추기 - D A D G B E
E음 줄을 D음으로 낮추기만 하면 여러분은 한 손가락으로 아래쪽 줄 세 개를 눌러 극강 코드를 연주할 수 있다. 묵직하다!

이렇게 해 보자 : 오픈 G - D G D G B D
이건 오픈 튜닝(전체 줄의 개방음을 울려 완벽한 코드를 이루는 튜닝)의 한 예다. 여러분은 줄을 하나도 누르지 않고도 완전한 코드를 연주할 수 있다! 오픈 코드를 칠 때 아무 줄을 골라 기타 목을 따라 오르내리며 연주하라.

전문가의 조언 : 들리는 단선 멜로디의 연주를 모두 익히는 것이 아마 여러분이 할 수 있는 최선의 일일 것이다. TV를 보면서 광고의 시엠송과 테마 음악을 기타로 모두 익혀라. 귀를 훈련시키는 것이다.

— 앤드루 화이트먼
'브로큰 소셜 신'의 멤버

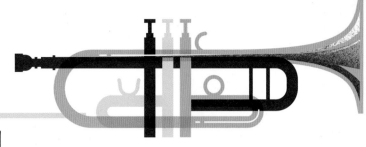

금관악기
뜨거운 공기 그 이상

만약 로큰롤 버거란 게 있다면 금관악기는 피클과 양파다. 노래에 더해지면 전체를 더 맛있게 해 준다. 금관악기를 브라스 brass 라고도 부르는데, 여러분이 록 밴드에서 가장 많이 듣는 금관악기는 트럼펫과 색소폰이다. 브라스는 곡의 필요에 부합할 때 최고의 역할을 한다. 달리 말하면 관악기로 곡을 쓰는 게 아니라, 좋은 곡을 더 좋게 만들기 위해 관악기를 사용하는 것이다.

트럼펫 – 빰빰빰빰 빰빠라밤!

왕실이나 군대에서는 중요한 일을 알릴 때 트럼펫을 사용했다. 음역이 매우 높아서 진짜 큰 소리가 나기 때문이다. 노래를 한 단계 발전시키기에 이상적인 악기다. 트럼펫 라인은 곡의 합창 부분 또는 처음이나 마지막 부분에 나오는 경우가 많다. 트럼 펫이 더해지면 곡의 클라이맥스는 정말 신나게 변화된다.

색소폰 – 이보다 거칠 수 없다

색소폰은 리드(얇은 진동판)를 사용해 소리를 내므로 기술적으로는 목관악기에 속한다. 그러나 많은 로큰롤 팀에서는 이 악기를 브라스에 포함시킨다. 색소폰을 배우는 사람들은 꽥꽥대는 괴로운 소리 때문에 절망에 빠진다. 그러나 괴상하고 거슬리는 이 소리가 진짜 죽여주는 색소폰 솔로를 준비할 때 쓸모가 있다. 어떤 연주자들은 이 소리를 '스크롱 skronk'이라고 부른다. 스크롱은 전자 기타로 일부러 귀에 거슬리게 소리 내는 것을 가리키는 말이다. 때로는 잘못 내는 소리가 좋은 역할을 한다.

이렇게 해 보자 : 베이스라인이나 기타 리프와 색소폰을 함께 맞춰 보자. 모든 소리가 한층 풍부하고 강력해진다.

이렇게 해 보자 : 트럼펫은 부드럽고 달콤한 악기이기도 하다. 손을 컵처럼 동그랗게 만들어서 나팔처럼 벌어진 벨 부분을 덮고 눌렀다 뗐다 하며 연주하면 소리가 구슬프게 바뀐다.

전문가의 조언 : 어느 도시를 방문하든 나는 함께 연주할 객원 트럼펫 주자를 물색한다. 금관부가 많을수록 더 즐겁다!

— 찰스 스피린
'브로큰 소셜 신'의 멤버

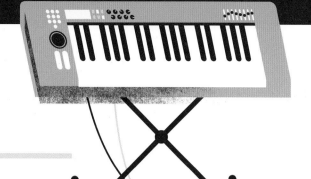

키보드
카멜레온

'키보드'라고 하면, 피아노에서 보이는 희고 검은 건반을 눌러 연주하는 악기 전반을 의미한다. 오르간, 전자 피아노, 신시사이저도 전부 키보드다. 이 악기들은 크기와 스타일이 다양하지만, 공통되는 두 가지 특성은 넓은 음역과 변화 가능성이다. 음역은 그 악기가 연주할 수 있는 가장 낮은 음부터 가장 높은 음까지의 음표가 몇 개인가 하는 것이다. 그러나 키보드를 진짜 특별하게 만드는 요소는 버튼 하나로 사운드가 바뀌는 변화 능력에 있다.

목소리가 들려!

오르간과 전자 피아노는 대개 '목소리'의 수, 즉 만들 수 있는 사운드 유형이 몇 가지뿐이다. 그러나 신시사이저는 수백 개나 된다.

신시사이저란 말은 넓은 의미로 '복제한다'는 뜻이다. 그게 신시사이저가 하는 일이다. 신시사이저는 소리를 복제한다. 신시사이저는 프리셋이라고 부르는 빌트인 사운드가 그 안에 한 꾸러미 내장되어 있다. 각 프리셋은 어떤 소리를 모방하도록 설계되어 있다. 실제 악기 소리일 수도 있고 상상 속의 소리일 수도 있다. 외계인이 우주선을 타고 날아가는 소리처럼!

높은 음에서 낮은 음까지 넘나든다

신시사이저는 처리할 수 있는 소리가 아주 많기 때문에 있는 대로 괴상한 소음을 만들기에 빠지기 쉽다. 하지만 대부분의 키보드 파트는 여전히 멜로디를 필요로 한다는 걸 기억하자. 키보드는 변화무쌍하다. 여러분은 키보드로 리듬 기타처럼 화음을 연주할 수도 있고 터무니없이 낮은 음을 뿜어낼 수도 있고 베이스라인을 몸으로 느낄 수도 있으며 트럼펫처럼 멋진 멜로디를 연주할 수도 있다. 한 노래 안에서 다 된다!

이렇게 해 보자 : 모든 노래에서 같은 방식을 답습하는 함정에 빠지지 말자. 여러분은 무척 놀라운 악기를 연주하는 거다. 키보드의 능력을 만인에게 보여 주자.

전문가의 조언 : 무슨 일이든 만반의 준비를 해 두자. 한번은 베이스 기타 케이블이 공연 중간에 타 버렸다. 나는 키보드에서 왼손으로 베이스라인을 쳐서 빠진 소리를 채웠다.

— 리암 오닐
캐나다의 인디 록 밴드 '스틸스'의 키보드 연주자

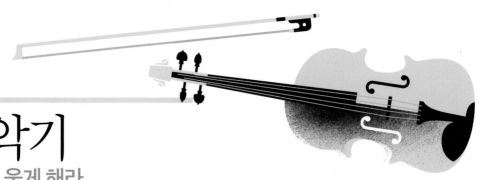

현악기
악기를 울게 해라

여러분은 첼로나 바이올린을 거칠게 다룰 수 없을 것이다. 현악기, 특히 바이올린과 비올라는 감정이 넘치는 소리를 내는 데 최적이다. 생각해 보라. 여러분이 영화를 보면서 기뻐서든 슬퍼서든 울고 있을 때면, 아마도 배경 음악으로 현악기 연주가 흐르고 있을 거다. 현악기가 우리를 울게 만드는 건 알았으니, 그걸 울려 보면 어떨까?

활에게 경의를

기타(줄을 퉁기거나 뜯는다)와 피아노(해머가 현을 때린다)는 조용하고 나긋나긋하게 연주될 수 있다. 그러나 일단 음이 연주되면 볼륨을 바꿀 방법이 없

으며, 소리는 점차 작아지다가 사라진다. 그러나 활은 음표를 부풀릴 수 있게 해 준다. 하나의 음표를 연주하면서 그걸 크게도 작게도 할 수 있다는 말이다. 이 놀라운 조절 능력으로 인해 연주자는 청중의 귀에, 또한 그들의 감정에 훨씬 직접적으로 연결된다.

프렛이 없다

기타와는 다르게 바이올린이나 첼로에는 프렛이 없다. 어떤 음을 내려면 손가락으로 어디를 짚어야 하는지 전혀 표시가 없다는 말이다. 이건 현악기 연주자가 음과 음 사이로 아주 쉽게 들어갈 수 있음을 의미한다. 대개는 이렇게 되면 음이 틀린 거지만, 절묘한 음악 작품에서는 정말 슬프고도 외로운 소리를 창조할 수 있다. 듣는 이의 심장에 바로 꽂히는 소리 말이다.

이렇게 해 보자 : 바이올린 소리를 잡아서 드럼과 기타 소리에 묻히지 않게 해야 한다. 그러려면 파워앰프의 좌우 채널 출력단을 연결하는 브리지 bridge 옆에 픽업(줄의 진동을 전기 신호로 바꾸는 장치)을 하나 놓는다. 그리고 여러 악기의 소리를 믹서기에 맞는 신호로 바꿔 주는 DI direct injection box 나 프리앰프(외부 음들의 신호를 선택하여 조절해 주는 앰프)를 사용하라.

전문가의 조언 : 여러분이 연주할 때 많이 움직이는 편이면 바이올린 어깨 받침을 테이프로 감아라. 자칫하면 연주 중간에 빠져서 떨어질 수 있다!

— 줄리 페너
캐나다의 바이올리니스트
('브로큰 소셜 신', '두 메이크 세이 싱크', '더 위커던스')

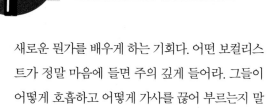

보컬
여러분이 가진 것을 사랑하라

공짜로 얻은 유일한 악기가 있다. 바로 여러분의 목소리다! 그러나 내키는 대로 교환이 가능한 선물은 아니다. 완벽하지 못한 목소리를 가지고 태어난 우리는 어쩌라는 건가……? 어떤 가수들은 범접할 수 없는 목소리를 지녔다. 그러나 누구나 그들처럼 노래한다면 세상이 참으로 지루하지 않을까? 가장 화끈하고 자극적인 보컬 중에는 자기에게 있는 지극히 작은 장점을 활용해서 예술적인 성취를 얻은 사람들이 있다.

가수에게 귀를 기울여라
우리는 말하기 시작하는 순간부터 목소리를 훈련해 왔다. 부모님의 대화를 들으면서 또 그걸 흉내 내면서 언어를 배웠다. 노래하기도 똑같다. 여러분에게 들리는 모든 노래가 스승이다. 각각의 노래는

새로운 뭔가를 배우게 하는 기회다. 어떤 보컬리스트가 정말 마음에 들면 주의 깊게 들어라. 그들이 어떻게 호흡하고 어떻게 가사를 끊어 부르는지 말이다. 그리고 그대로 따라 해 보자.

그리고 자신의 목소리에 귀를 기울여라
여러분 목소리의 음색은 지문처럼 고유한 것이다. 부드럽고 섬세한 음색도 있고, 걸걸하고 거친 음색도 있다. 자기 목소리를 제대로 이해하는 열쇠는 다음 두 질문에 대한 여러분의 대답에 달려 있다.

내 목소리가 어떤 소리처럼 들리나?
- 여러분 목소리의 자연스러운 특성을 말한다.

내 목소리가 어떻게 들리기를 바라는가?
- 여러분 목소리가 가졌으면 하고 희망하는 것을 말한다.

일단 여러분이 두 질문에 대한 답을 해결한 다음, 목소리를 새롭게 만들기에 도전하라.

> **전문가의 조언 :** 인터넷에서 보컬 워밍업을 다운로드 받아라. 나는 공연 전에 한 시간 정도 네 단계 또는 다섯 단계짜리 워밍업을 한다.
> — **댈러스 그린**
> 캐나다 밴드 '시티 앤 컬러'·'알렉시스온파이어'의 가수·기타리스트

> **전문가의 조언 :** 자기 목소리에 대해 불안하거나 걱정스러우면 합창단에 들어가라. 여러 사람 틈에 폭 들어갈 수 있으니 좋고 하모니도 배울 수 있다.
> — **파이스트**
> 캐나다의 싱어송라이터

찾아보기

책을 마치며

먼저, 여러 해 동안 함께 연주해 온 모든 이에게 감사 인사를 전한다. 그중에서도 스콧 레밀라, 딜런 그린, 재럿 크래머, 에릭 리델과 브로큰 소셜 신 가족은 특별히 언급하고 싶다. 다음은 인터뷰에 응한 분들이다. 멜리사 아우프 데어 마우어, 벅 65, 엘렌 캄페시노스, 브렌던 캐닝, 조엘 카리에르, 그레그 데이비스, 존 드루, 케빈 드루, 레슬리 파이스트, 댈러스 그린, 에밀리 헤인스, 크리스토퍼 밀스, 리암 오닐, 줄리 페너, 저스틴 페로프, 론 섹스스미스, 찰스 스피리, 루이즈 어퍼턴, 앤드루 화이트먼, 롭 지파렐리. 도움을 준 제프리 레메디오스, 스티븐 맥그래스, 브렌던 버크, 맨디 엔지, 에런 슬리퍼코트에게도 고맙다. 훌륭하게 편집해 준 해들리 다이어와 크레이그 배틀에게는 정중히 감사 인사를 드린다. 마지막으로 직감력이 뛰어나고 나와 마음이 잘 통하는 편집자 캐리 글리슨, 재능이 뛰어난 일러스트레이터이자 디자이너 제프 쿨락, 잘 진행해 준 메리 베스 레더달에게 감사한다.